Reprint Publishing

Für Menschen, Die Auf Originale Stehen.

www.reprintpublishing.com

MUSIKALISCHE STUDIEN

Nicola d'Arienzo

❦

Die Entstehung der komischen Oper

(Deutsch von Ferd. Lugscheider)

HERMANN SEEMANN NACHFOLGER

LEIPZIG.

Verlag von Hermann Seemann Nachfolger, Leipzig,
Goeschenstrasse 1.

Musikalische Studien.

Eine Sammlung
von Aufsätzen zur Aesthetik, Theorie und
Geschichte der Musik.

Bis jetzt sind folgende Bände erschienen:

Präludien und Studien von Dr. Hugo Riemann.

Bd. I,	. . . .	brosch. M. 5,—, geb. M. 6,50.
Bd. II,	. . . .	brosch. M. 3,—, geb. M. 4,—.
Bd. III,	. . .	brosch. M. 4,—, geb. M. 5,—.

Richard Wagner in Zürich, Bd. I u. II, von H. Bélart.

Brosch. je M. 2,—, in einem Bd. geb. M. 5,—.

Richard Wagner u. Leipzig von E. Segnitz.

Brosch. M. 2,—.

Musikalische Skizzen von R. Heuberger.

Brosch. M. 2,40, geb. M. 3,20.

Franz Liszt und Rom von Eugen Segnitz. Brosch. M. 2,—.

Musik und Weltanschauung von Otto Schmid.

Brosch. M. 2,—.

Zu beziehen durch jede Buch- und
Musikalienhandlung.

Illustrierte und ausführliche Kataloge überallhin
☞ gratis und franko. ☜

Musikalische Studien X.

Die
Entstehung der komischen Oper

von

Nicola d'Arienzo

Professor der Komposition am Kgl. Konservatorium zu Neapel

Autorisierte Uebersetzung von Ferdinand Lugscheider

Leipzig

Hermann Seemann Nachfolger

1902.

Druck von C. G. Röder in Leipzig. 18787. 01.

Vorwort.

Ich habe mich zur Uebersetzung der vorliegenden Schrift meines verehrten Lehrers entschlossen, weil ich beim Durchlesen derselben die Ueberzeugung gewann, dass dieselbe auch meinen Landsleuten von Interesse und vielleicht auch von Nutzen sein könne.

In unserer Zeit der „Uebermenschen und der Ueberkunst" (wenn man sie nicht später vielleicht eine Zeit der Dekadenz nennen wird) ist es sehr heilsam, sich wieder einmal nach dem Ursprung und den ersten Epochen unserer Kunst umzusehen und am frischen Quell der Originalität Kraft und Gesundheit zu schöpfen.

Wagner selbst hat dazu das Beispiel gegeben.

Vielleicht ist es manchem interessant, zu wissen, dass Wagner bei seinem Aufenthalte in Neapel im April 1880 dem Conservatorium S. Pietro a Maiella wiederholt Besuche abstattete, sich sehr für die Schätze des altberühmten Archives interessierte und sich auch Kompositionen der alten Meister vorspielen liess. (Ein diesbezüglicher Originalbrief Wagners, in welchem dieser auch praktische Winke für das Studium am Konservatorium giebt, wird in genanntem Archive aufbewahrt und wurde im „Archivio Musicale", Neapel 1883 bei Ferrante herausgegeben.) Auch dem Verfasser der vorliegenden Schrift gegenüber äusserte Wagner sich wiederholt persönlich sehr anerkennend.

1*

In jüngster Zeit hat es Massenet ausgesprochen, dass die Traditionen der guten alt - neapolitanischen Schule noch nicht ausgestorben seien.

Und speziell die „Entstehung der komischen Oper", dieses Schmerzenskindes unserer Modernen dürfte interessieren. Sieht man doch an den gegenwärtigen mehr oder minder ver- unglückten Versuchen Mascagnis („Maschere"), Siegfried Wagners („Herzog Wildfang") u. A. m., dass man nachgerade das Bedürfnis nach einer gesunden, volkstümlichen, komischen Oper empfindet, geradeso wie im 17. Jahrhundert zur Zeit Cirillos und Vincis.

Ein weiteres Interesse an dem Schriftchen wird der Leser durch die originelle Schreibweise des Verfassers gewinnen, welcher bei aller Gründlichkeit nie pedantisch, bei all seiner Liebe zu seiner schönen Vaterstadt nie chauvinistisch ist und, als echter Neapolitaner, gar oft in seinen kritischen Bemerkungen mit gesundem Mutterwitz den Nagel auf den Kopf trifft.

Bezüglich biographischer Notizen zitiere ich, da mir die Bescheidenheit des Verfassers nicht mehr gestattet, aus Hugo Riemanns Musik-Lexikon (Leipzig, Hesse, 5. Aufl. 1900):

„Nicola d'Arienzo, geb. 24. Dez. 1842 zu Neapel, Schüler von V. Fioravanti, G. Moretti und Sav. Mercadante, seit 1877 Kontrapunkt- und Kompositionslehrer am Kgl. Konservatorium zu Neapel, Mitarbeiter des in Turin erscheinenden „Archivio musicale" (Salvatore Rosa musicista), der „Rivivista musicala" (*Le origini della opera comica*) und anderer Zeitschriften, brachte mit 19 Jahren seine erste Oper „La fidanzata del perucchiere" in Neapel zur Aufführung. Dieser folgten eben- falls in Neapel: I due mariti 1866, Le rote 1867, Il cacciatore delle Alpi 1869, Il cuoco 1873, La figlia del diavolo 1878, La fiera 1887 und in Mailand I viaggi 1875. Ausserdem schrieb er Kammermusikwerke (Cellosonate, Quartett, Quintett, Nonett), eine viersätzige und eine einsätzige Symphonie, ein

Nocturno für Orchester, Klavierstücke, Chöre über die Anfangsstanzen des befreiten Jerusalem u. a. Theoretische Schriften A.s sind: „Elementi musicali" und „Introduzione del sistema tetracordale nella musica moderna" (1879, in welchem er für die reine Stimmung eintritt und neben den beiden herrschenden Tongeschlechtern Dur und Moll ein Drittes verficht, das der kleinen Sekunde)."

Hierzu bemerke ich noch, dass gegenwärtig von ihm bei Izzo in Neapel ein Lehrbuch der Komposition erscheint (Scuola di Composizione musicale: 1. Della Polifonia vocale, exempi prattici, 2. Temi per il genere Corale, imitato e fugato, 3. Della Fuga, 4. Della Monodia, 5. Dell' Arte della Stumentazione e delle forme sinfoniche).

Zum Schlusse bemerke ich, dass der Originaltext dieser Schrift 1900 in der „Rivista Musicale Italiana" (auch als Separatabdruck) im Verlag der Fratelli Bocca, Turin, erschienen ist, welcher Firma ich hiermit für die gütige Autorisation zur Uebersetzung den gebührenden Dank abstatte.

Neapel, 1. Juni 1901.

Ferdinand Lugscheider.

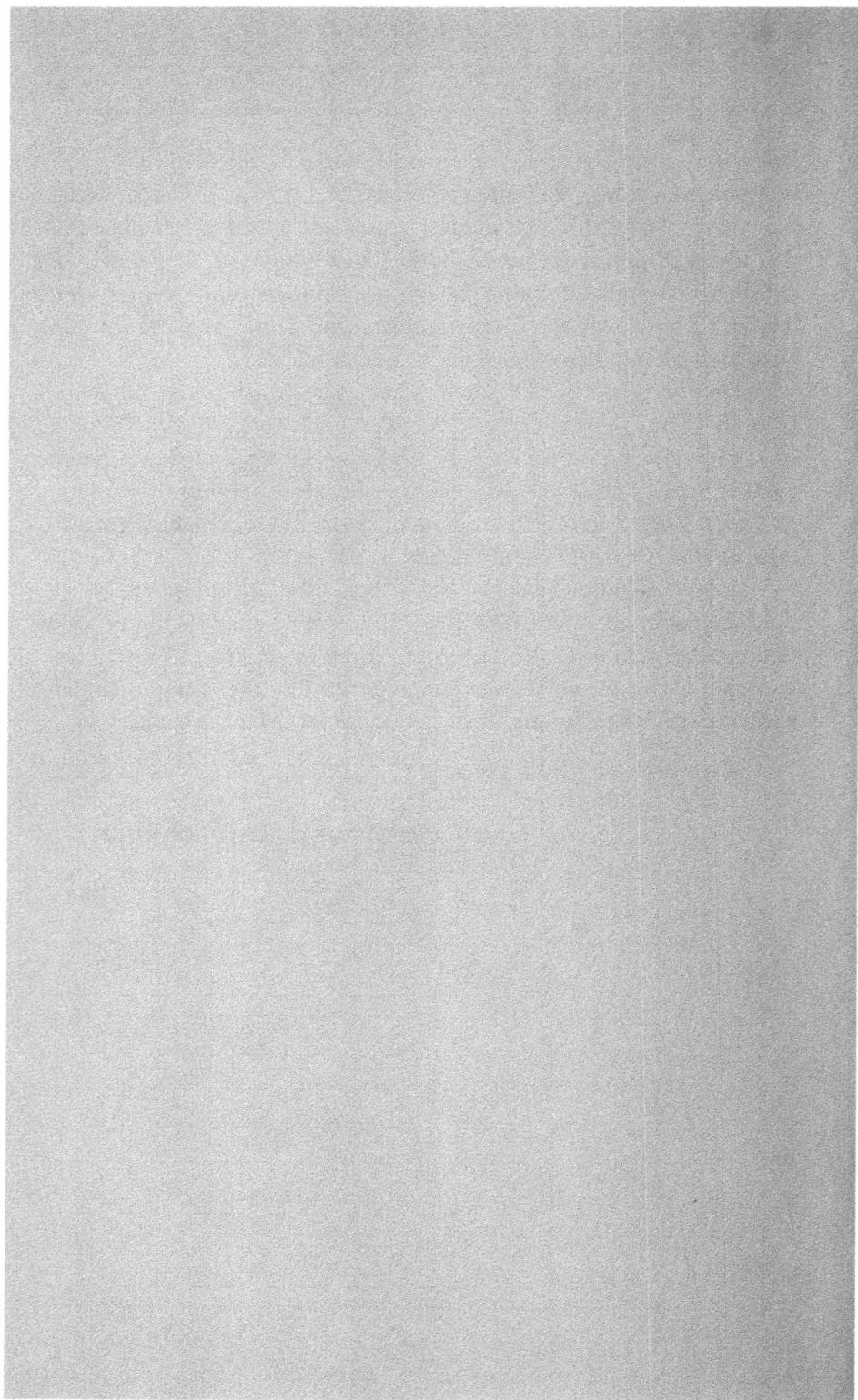

Die Entstehung der komischen Oper.

Die Darstellung des Komischen giebt sich von selbst in den Gelagen und festlichen Zusammenkünften aus der Nachahmung der Fehler Anderer, in der Vorführung lustiger und gefälliger Scenen. Die Komödie hat zum Zweck das Komische, das Gegenteil vom Erhabenen. Dieses ist objektiv, wenn es sich auf Neigungen oder Gebräuche stützt; subjektiv dagegen, wenn der Künstler das Ernste in Heiteres verwandelt oder umgekehrt. Im ersten Falle haben wir die Karikatur, die Parodie, die Maske. Die Maske erhebt die Fehler und die komischen Seiten des Lebens zum Typus. Wenn jedes ästhetische Ideal zugleich auch Individuum ist, so muss die Maske das ästhetische Ideal des Komischen genannt werden, denn sie personifiziert die Fehler eines Volkes, die Neigungen einzelner Klassen, Stände oder Berufsarten; die speziellen und charakteristischen Merkmale einer Gegend, einer Stadt oder einer Gemeinde. Cicero definiert sie: Nachahmung des Lebens, Spiegel der Gewohnheit, Bild der Wahrheit.

Mit Recht sagte Carl Labitte, dass jener die Geschichte nur zur Hälfte kennen kann, der nur die Werke der Historiker gelesen hat, und dass die komischen und satyrischen Dichter das natürliche Supplement der Annalisten sind. Und so ist es in der That; viele Ereignisse erklären sich aus den Gewohnheiten, und die Komödie ist die Darstellung der Gewohnheiten.

Die ersten Spuren der Komödie finden wir in den Vorstellungen der Gaukler, Possenreisser und Spassmacher, welche bei den grossen Herren so vielen Beifall fanden, dass sie die Freude ihrer Feste und die Zierde ihrer Hofhaltungen waren. Diese Spassmacher könnte man die alt-italienischen Komiker nennen.

Um die Mitte des XV. Jahrhunderts wichen die Gaukler und Spassmacher den Komikern. Die alten lateinischen Komödien wurden übersetzt, und Plautus oft dem Terénz vorgezogen. [1])

Am Ende des XV. Jahrhunderts trat ein relativ originales italienisches Theater ins Leben. In Siena entstand die Akademie der „Rozzi" (Derben), damals Bruderschaft genannt, und jene der „Intronati" (Intronisierten).

Man hatte eine Gesellschaft wohlsituierter, gebildeter und lustiger junger Männer, welche an bestimmten Tagen Gesänge und Komödien aufführten. [2])

Im grossen ganzen wussten diese akademischen Autoren nichts Besseres zu thun, als Plautus und Terenz nachzuahmen. [3])

Die Masken und Charaktere des lateinischen Theaters bestritten die Kosten. Da haben wir den aufschneiderischen Soldaten der Alten, z. B. Lachetes, Callides und Megaronides; den Diener ähnlich dem Plautinischen Pseudolus oder dem Davus des Terenz; das gewöhnliche Kunststück schliesst das Stück: das Wiedererkennen der verlorenen Söhne. Der Dialog ist sehr frei und voll von unanständigen Phrasen und Wortspielen; den grössten Beifall erzielen die betrogenen und ausschweifenden Ehemänner, sowie Tölpel, galante Weiber, Lucretien, die ihre Tugend wenig hüten. [4])

Diese Kunstrichtung war nicht geeignet, ein originales Theater zu schaffen; die Komödie, ebenso wie die Satire, verlangt eine gewisse Selbständigkeit, welche durch Nachahmung anderer nicht erzielt wird; mit dem gewissenhaften Studium der Alten verband man nicht das

Studium des zeitgenössischen, alltäglichen Lebens, welches jeden Augenblick dem aufmerksamen Beobachter neue Objekte, die verschiedensten Vorfälle bietet. [5])

Dieser Mangel an Originalität, an einer gesunden Fülle des Komischen, die kleinliche oder ungenügende Vorführung der Gewohnheiten, ist vielleicht der Hauptgrund, welcher die Musik dem Theater zu Hilfe kommen liess. Doch hiervon werden wir später handeln.

Die Sujet-Komödie, die frei erfundene, geht der geschriebenen vorher. Die Personen waren bestimmt, sowohl für den Dialog, als bezüglich des Charakters. Es genügte, das Thema zu geben, und die Darsteller improvisierten Scenen, Dialoge und Monologe, ohne vorhergehende Probe, und mit solcher Grazie und Lebhaftigkeit der Scherze, dass man es mit einer langen Betrachtung am Schreibtische nicht hätte besser machen können. [6])

Erinnern wir uns jener Scenen und Vorstellungen der fahrenden Gesellen und Spassmacher, welche so günstige Aufnahme bei den fürstlichen Höfen fanden; erinnern wir uns an jene der Gaukler und Hanswurste, welche beim Volke so beliebt waren, weil sie alle aus dem Stegreif und im Dialekt der Heimat des einzelnen Darstellers aufgeführt wurden, damit jeder bereit und schlagfertig sein konnte zum Spott und zur Bosheit.

Wenn einmal einer oder der andere dieser Spassmacher beim Publikum beliebt war, so musste sein Nachfolger natürlicherweise ihn in allem und überall nachahmen, um ähnlichen Erfolg zu haben, wie sein Vorgänger. Auf diese Weise wurde für jede Person nicht nur der Dialekt festgesetzt, sondern auch dieselben Karikaturen in Kleidung, Maske, kurz alle Mittel, welche zum Lachen reizen sollten. [7])

Im Jahre 1600 wurde die improvisierte Komödie die erfolgreiche Rivalin der geschriebenen. Diese war

von grösserem litterarischen Wert, korrekter, jene dagegen hatte grössere Wahrheit, Klarheit und Ursprüng-
lichkeit in allem für sich, gerade wie die Atellanischen
Fabeln. [8]) Auch ist es hier am Platze, einige Masken
flüchtig zu erwähnen.

Der Harlekin (Arlecchino) stellt den Bergamasken
vor; er ist der Diener in der Komödie, nicht ohne italienisches Salz, und trifft mit seinem Witz oft den Nagel
auf den Kopf. Der Alte wird durch den Venetianer
Pantalone verkörpert; geizig, eigensinnig, leicht verliebt,
aber jedesmal auf scherzhafte Weise betrogen. Der Doktor Graziano ist der Bolognese und wurde von einem gewissen Lucio 1560 auf die Bühne gebracht. Er ist Mitglied der Accademia della Crusca, ein geschwätziger
Doktor, sophistischer Advokat, Grammatiker, Rheto-
riker, weiss alles und spricht über alles; diese Bildung
verhindert ihn aber nicht, Cupido mit einem Brunnen zu
verwechseln oder den Schicksalsfaden von den 3 Grazien
abschneiden zu lassen, wogegen er aber die Parzen der
Venus bei der Toilette helfen lässt. Im neapolitanischen
Theater werden die Väter von Tartaglia, einem Stotterer
repräsentiert, von Cola oder Pasquariello. Unser Pulcinella (Policinell), sei er nun Osker, oder von anderer
Abstammung, [9]) bekommt Grazie, Lebhaftigkeit und
Vervollkommnung durch Andrea Calcese, genannt Ciuc-
cio (Esel), der 1656 an einer Epidemie starb. Sein Herr
befiehlt ihm: „Sale in tavola". Pulcinella versteht, er soll
auf den Tisch steigen, und springt hinauf.
Diese Masken, diese komischen Typen, von denen
jede ihren eigenen Dialekt spricht, finden sich stets zusammen in vielen Komödien, nicht nur in Prosa, sondern
auch in Musik. Ich erwähne, dass in der Komödie La
Vedova („Die Witwe") des G. B. Cini, aufgeführt in
Florenz am 1. Mai 1569, man einen Diener Burchiello hat,
welcher den Dialekt von Bergamo spricht, Fiaccadenti

sizilianisch, M. Marino venezianisch und Cola Francesco neapolitanisch. So ruft er z. B. aus: „Va chiu Napoli con chillo suio passeare della sera, che cientomilia Fiorenza"[10]) (Neapel ist mehr wert mit seinen Spaziergängen am Abend als hunderttausend Florenz).

———————

Um die alten scenischen Darstellungen gefälliger zu gestalten, wurde Musik und Gesang hinzugefügt. Die Popularität der Vorstellung steigerte sich mit dem Beifall, den die Musik fand. Wenn bei der Komödie der Chor fehlte, blieb es den Schauspielern oder dem Theaterdirektor überlassen, Musik zu verlangen, als Intermezzo zwischen den einzelnen Akten, „um dem Verstande, der durch die Aufmerksamkeit ermüdet ist, welche er bisher dem Worte lieh, Ruhe zu gewähren".[11])

Im ganzen XVI. Jahrhundert begleiteten Lieder und Madrigale, ohne jeden Dialog, die Komödien, und wurden entweder zwischen den einzelnen Akten oder am Schlusse der Vorstellung aufgeführt.[12])

Dieser Art, sagt Quadrio, sind jene, welche Andrea de Nerli für den Granchio Salviatis verfasste, sowie jene des G. B. Cini für die Cofanaria des Ambra.

Im Riscatto d'Amore des cavalier Marty, 1618, singt Scaramuccia hinter der Scene eine Canzonette: Che ti sta si ben, Girometta. Girometta ist wahrscheinlich eine hässliche Bezeichnung für Frauen jener Zeit. Zarlino, in seinem wertvollen Werk,[13]) citiert aus didaktischen Gründen eine sehr populäre Canzonette, in welcher die Hauptperson Girometta ist.

(Kehr zurück in deine Heimat, du bist nicht für mich.)

Tor - na, tor - na nel tuo pa - e - se, tu non fai per me, tu non fai per me, Gi - ro - met - ta, tu non fai per me.

Die Melodie, wie alle Volksweisen, entwickelt sich innerhalb weniger Noten, innerhalb einer Quint; der Ton, welchen ich die Tonart der kleinen Sekunde nennen möchte, erinnert an die alte dorische Tonart, welche im Tetrachord, von unten nach oben, als erstes melodisches Intervall die kleine Sekunde aufweist. Aber leider zeigte sich damals am Kunsthorizont weder ein Molière, noch ein Goldoni, um eine gesunde und klare komische Darstellung zu schaffen. Die litterarische Komödie verfiel, weil es ihr an Originalität fehlte; wenn die improvisierte einen Augenblick Erfolg hatte, so wurde man ihrer doch bald überdrüssig.

Die Schauspieler, ohne Korrektur von Seiten eines tüchtigen Leiters, stellten schliesslich immer dieselben Scenen, dieselben Harlekinaden dar. Fortwährend sah man den „Capitano Scarnecchia" drohen und geprügelt werden; man sah die Turchetta, wie sie den Pantalone zum Narren hielt, die Dienerin Pimpinella mit dem Römer Gelsomino Süssholz raspeln; gleichviel, ob Pulcinella oder Zanni, der Calabreser Giangurgolo oder der Sizilianer Travaglino sprachen, alle wiederholten nur die alten komischen Scenen. [14])

Ich lasse das Wort dem Verfasser des „Verrato" gegen M. Giason de Nores, pag. 29, Ferrara 1588; derselbe zeigt uns, in welchen Zustand damals die Kunst des Komischen verfallen war: „Die Komödie ist so langweilig und verächtlich geworden, dass keiner sie mehr aushalten kann, wenn sie nicht mit den wunderbaren Zwischenspielen begleitet wird. Und der Grund hiervon ist das schmutzige und käufliche Gesindel, welches sie beschmutzt und auf das tiefste erniedrigt hat . . ."[15])

„Um dem komischen Schauspiel neues Leben zu geben, dachte man, ob es nicht angezeigt wäre, der Musik eine hervorragende Stelle einzuräumen. Man erzielte hierbei ein gutes Resultat, indem man den Professionsmusikern die Rollen der Komödie gab, von der die Dichter einen grossen Teil in Gesang verwandeln und sie so

hergerichtet vorführen lassen zum Ergötzen der Zuschauer". [16])

Wenn das Volk die Musik mit Gefühl und Vergnügen
entgegennahm, so hielten sie viele Gebildete und Gelehrte, welche das lateinische Theater studierten, für notwendig, indem sie behaupteten, dass die antiken Vorstellungen alle mit Gesang und Musik begleitet waren. [17])

Orazio Vecchi, Kanoniker zu Modena bei der Kapelle des Correggio, nicht zu verwechseln mit dem
Musiker Orfeo Vecchi, einem Zeitgenossen, sei es nun,
dass er einen Wunsch des Publikums erfüllen wollte, oder,
nach der Ansicht sehr vieler Unterrichteter, dass er sich
ganz an das antike lateinische Theater anschliessen
wollte, schrieb Text und Musik zu einer scenischen Oper
mit dem Titel: L'Anfiparnasso (Der Amphiparnass),
welche wahrscheinlich in Modena 1594 aufgeführt
wurde. [18]) Er nannte sie „Harmonische Komödie", weil
die ganze scenische Handlung gesungen wurde; zur
Unterstützung der Stimmen nahm er drei oder mehr Instrumente (Violen). In der Widmung seines Werkes an
Don Alessandro d'Este rühmt sich Vecchi, dass er der
erste sei, welcher die Theaterpoesie in Musik setzte. [19])
Er bemerkt, es sei leicht, seinem Werk vieles hinzuzu-
fügen, um es zu verbessern, und er müsse, wenn nicht gelobt, doch wenigstens wegen seiner Erfindung nicht getadelt werden. Der Verfasser der lateinischen Inschrift
auf seinem Grabmal sagt dasselbe: „Qui harmoniam
primus comicae facultati conjunxit, et totum terrarum
orbem in sui admirationem traxit." Wenn auch der
Epigraphist übertreibt, so musste doch sicher das Werk
die Aufmerksamkeit der Gebildeten erregen, wenn auch
nur durch die Neuheit. Muratori, vielleicht ohne die
Komödie zu kennen, sondern nur die Grabschrift, schreibt
Vecchi das Verdienst zu, das Melodram erfunden zu
haben. Apostolo Zeno, ebenfalls in dieser Materie sehr
bewandert, bekennt in einem Briefe an ebendiesen Muratori, selbst die Existenz desselben nicht zu kennen. Zum

Glück ist das Werk gedruckt auf uns gekommen. Ich
kopiere getreu dessen Titel: L'Anfiparnasso — Comme-
dia Harmonica — d'Oratio Vecchi — da Modena nuova-
mente posto in luce — Con Privilegio — In Venetia —
Appresso Angelo Gardano — MDLXXXXVII. (Der
Amphiparnass — harmonische Komödie — von Horatio
Vecchi — aus Modena neu herausgegeben — mit Privi-
leg — in Venedig — bei Angelo Gardano — 1597.)
Wohl 12 sprechende Personen treten in diesem scenischen
Werke auf: Pantalone; Pedrolino, ein Diener; Ortensia,
Hofdame; Nisa; Dr. Graziano; Lucio, Liebhaber Isa-
bellas; Isabella; Hauptmann Cardon, Spanier; Zanni;
Frulla, Diener Lucios; Francatrippa, und dazu noch ein
Chor jüdischer Wucherer. Jede Person singt in ihrer
eigenen Sprache; man hört spanisch, bergamaskisch,
venezianisch, italienisch, ja selbst hebräisch, um die Komödie vollständig zu machen. Da sich im Werke Vecchis
die Hauptmasken der Sujet-Komödie finden, und die
Schauspieler sich bei der Aufführung zum grossen Teile
auf die Musik verliessen, so musste der Modenesische
Meister bei der Verfassung seiner harmonischen Komödie
ein Hauptgewicht auf diese legen. [20])

Es scheint vielleicht unmöglich, und doch ist es so:
alle Scenen dieses Werkes, ohne Ausnahme: Monologe,
Dialoge, Fragen und Antworten, alles ist fünfstimmig im
Madrigalstil komponiert; um es kurz zu sagen, die Handlung ist ein „Concertato", ein „Chor", welcher fortwährend die Rollen aller Personen singt, von der ersten bis
zur letzten Scene. Daraus ist leicht zu entnehmen, dass
bezüglich des Ausdruckes zwischen dem Charakter der
Rolle und der Stimme keine Beziehung besteht, denn
jedes, Mann oder Frau, ernst oder komisch, wird musikalisch vom Chor dargestellt.

Die Oper beginnt mit einer Scene zwischen Pantalone, Pedrolino und Ortensia.

Pantalone:

O Pierulin, dov' es tu? Dov' es tu?
(Pierulin, wo bist Du, wo bist Du?)

Pedrolino:

>Messir, noposs' vegni, che su in cusina!
>(Herr, ich kann nicht kommen; ich bin in der Küche!)

Der Autor giebt ausnahmsweise diese Worte in einer kurzen Monodie, welche ganz den Charakter eines Volksliedes hat, und dennoch giebt sie die Partitur von Anfang an auf fünf Systemen für die betreffenden Stimmen.

Pantalone antwortet:

>Ah! laro, ah! can, che fas tu là in cusina?
>(O Du Räuber, o Du Hund, was machst Du da in der Küche?)

Hier beginnt die Madrigal - Polyphonie und wird nicht mehr unterbrochen.

2) *Pantalone.*

O Pie - ru - lin dov' - es tu? dov' - es tu Pie - ru -

lin Pie - ru - lin Pie - ru - lin.

Pedrolino.

Me - sir, no poss've - gni, che su in cu -

Ah!   la - ro!   Ah! can, che fas   tu   la   in cusi - na? etc.

etc.

etc.

si - na

(Pantalone: Peterchen, wo bist du? *Pedrolino:* Herr, ich kann nicht kommen, ich bin in der Küche. *Pantalone:* O du Räuber, o du Hund, was machst du in der Küche?

Pedrolino, in der Küche, antwortet mit vollem Munde:

> Am impù il gargatù de cert cotai,
> Che canta tunch' il dì:
> Piripì, Cucurucù [21])

Pantalone ruft erzürnt:

> Ah! bestia, ti vuol dir
> E Galet e Pizzon . . .
> Su, chiam' Hortensia, pezzo di poltron.
> (O Du Vieh! Ich will Dir Hähnchen und Tauben geben! Geh, rufe
> Hortensia, Du Faullenzer!)

Ortensia kommt, aber sie zeigt sich dem Alten nicht sehr wohlgesinnt:

> Vecchiaccio rimbambito,
> Credi, ch' io sia una donna di partito?
> (Du kindischer Alter, glaubst Du, ich sei ein öffentliches Frauen-
> zimmer?)

Pantalone möchte sie allein sprechen, aber Ortensia weigert sich:

> No! ch' io non voglio, no!
> (Nein, ich will nicht, nein!)

Der gedemütigte Alte sagt schmerzlich:

> Povero Pantalon, ah! don' in grata,
> Quando po ti vorrà, mi no vorrò!
> (Armer Pantalone, o Du undankbares Frauenzimmer! Wenn dann
> Du möchtest, dann will ich nicht!)

Die Komposition ist nach der Weigerung Ortensias ganz fünfstimmig im Stil der Nachahmung; die Worte werden oft wiederholt. Ich gebe hier die Schluss-kadenz. [22])

Was soll man von diesem musikalischen Durchein-ander denken? fragen wir mit Quadrio. Vecchio, der vielleicht nicht wusste, oder vielleicht auch nicht annahm, was die Florentiner Gesellschaft that (diese suchte nämlich die musikalische Form für das Melodram), [23]) wendete die Madrigal-Polyphonie, welche damals sehr beliebt war, auf eine scenische Handlung an, und folgte dabei der flämischen Schule, indem er nur auf die Führung der einzelnen Stimmen im Kontrapunkt bedacht ist, und sich hierbei sehr wenig um die Person kümmert, und sie nicht einmal in der Partitur bezeichnet, da man aus dem Text ersieht, ob ein Mann oder eine Frau, Pantalone oder Ortensia ist, welche singt.

Von vielen wird stark gezweifelt, ob der Anfiparnasso aufgeführt wurde, da man doch so viel Gutmütigkeit und Nachsicht bei den Zuhörern kaum vermuten kann, dass sie 5 Stimmen anhören, welche eine einzige Person oder mehr darstellen. Einige glauben, dass die handelnde Person auf der Bühne stand und ihre Stimme sang, während gleichzeitig die anderen die ihrigen hinter der Bühne sangen. Ich bin mehr für die Annahme, dass auf der Bühne stumme Personen waren, welche mit ihren Gesten die Musik begleiteten, die, ungesehen von den Zuhörern, gesungen wurde. [24])

Vecchi hielt aber fest an seiner kontrapunktistischen Kunst im Madrigalstil und wie! Sein letztes weltliches Werk, Le veglie di Siena („Die Nächte von Siena“), gedruckt in Venedig bei Gardano 1604, ist dem König von Dänemark, Christian IV. gewidmet und ist ein vollständiger Chorgesang, ohne Spur von Monodie. Doch scheint mir dieses zweite Werk, wegen seiner Eigentümlichkeit, mehr Beachtung zu verdienen, als der Anfiparnasso. Die Veglie, Chorgesänge, welche bei Nacht in den geräumigen fürstlichen Sälen aufgeführt wurden, sind eine Nachahmung des Charakters der Sizilianer, Spanier, Deutschen, Franzosen und Juden. Da keinerlei Handlung, noch sprechende Personen, oder Angaben der Akte und Scenen vorhanden sind, so kann man diesen Veglie, in Hinsicht auf die komische Färbung als Parodie, sowie den lebhaften und wirksamen Ausdruck, einen lobenswerten Platz in der Geschichte der Melokomödie anweisen. [25])

Das gemessene und ernste Wesen des Deutschen parodiert er in folgender Weise:

> Mi star pone (buono) compagne, io!
> Mi star pone tatausche (tedesco), io!
> (Ich sein ein guter Kamerad, ich!
> Ich sein ein guter Deutscher, ach!)

5)

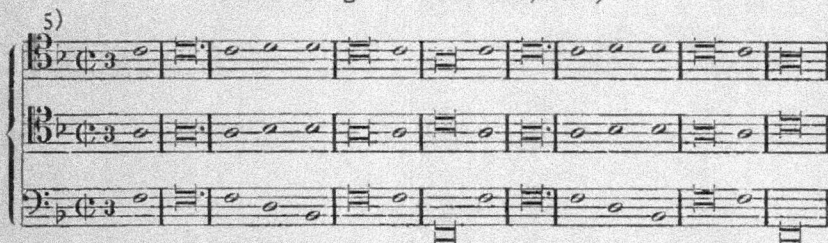

Mi star po-ne com-pag-ne, io! mi star po-ne ta-tausche, io!
(Ich sein ein guter Kamrad, ich, ich sein ein guter Deutscher, ich!)

Der 6. Oktober 1600 war ein gedenkwürdiger Tag für die Kunst der Musik. In Florenz wurde die Euridice von Rinuccini mit Musik von Peri und Caccini aufgeführt; auf diese Weise hatte man die Oper in Musik, die Erfindung des modernen Musikdramas. [26])

Das Musikdrama versetzte den Todesstreich jeder Art von Poesie, welche sich in den Dienst der Musik begeben hatte. Auf diese Weise erklärt es sich, dass einige weltliche Kompositionen, wie Madrigale, Villanellen auf neapolitanische Art, Mattinaten, die „Applausi delle vegie", Darstellungen von Schlachten, Spielen und Jagden, gänzlich aus der italienischen Kunst verschwanden, sowohl als poetische, wie als musikalische Formen. [27])

Die kontrapunktistische Kunst verlor ihren Ehrenplatz und musste einen grossen Teil ihrer Macht als absolute Herrscherin den verschiedenen und mannigfachen monodischen Formen abtreten. Es entstand ein dithy-

2*

rambischer Enthusiasmus für die Melodie, und zur Zeit
Rosas dauerte dieser, wie man aus seiner Satyre über die
Musik weiss, noch in hohem Grade fort. Die Melodie
zeitigte den Sänger, den Virtuosen. Dem Studium
der vokalen Technik wurde mehr Wert beigelegt und ihm
jenes des Ausdruckes hinzugefügt, wobei man darauf
sah, dass das Wort die richtige Ausdrucksweise erhielt
und durch die Tonart und den Rhythmus belebt
wurde.

Die Musikkomödie hatte keinen Rinuccini, der sie
zu künstlerischem Ausdruck erhob; wenn daher auch
Komödien in Musik nach der Euridice zu bemerken sind,
so haben sie doch keine gesunde Komik; höchstens sind
es Scherze und Tollheiten in Musik. Man hielt darauf,
Materielles und Vulgäres nachzuahmen und streifte hierbei nicht selten das Groteske. Das Groteske ist der Tod
der guten Komödie. Das Komische kann nicht künstlerischer Ausdruck genannt werden, ohne dass der Geist
in ihm erhabenen Sinn erkennt. Seine Wirkung besteht
nicht so sehr in der Veränderung der Form, als in der
Steigerung, in der Forcierung (caricare — caricatura)
der charakteristischen Zeichen der menschlichen Gewohnheiten, Neigungen, Leidenschaften. [28])

Es erregte Lachen, wenn man die musikalische Nachahmung der Stimme des Papageis oder der Grille hörte:
tri, tri, tri; des Frosches qua, qua, quará; des Lämmchens:
be, be, be; des Käuzchens: uhu, uhu, uhu; des Hahnes:
cucchericó, wie im „Podestà di Coloniolo" des Maestro
Melani.

Das erinnert mich an den grossen Erfolg, den nach
Plutarch der Gaukler Parmeno hatte, welcher das Grun-
zen des Schweines getreulich nachahmte. Hübsche Titel
von Komödien sind: „Il capriccio con gli occhiali" (Die
Kaprize mit den Augengläsern), „l'amore in cucina" (Die
Liebe in der Küche) von Pardiere; der Verfasser hiervon
ist ebenso unbekannt wie sein Werk, in dem eine Person
singt: Io del cannone al suon — Solo risponderò bun-ban,

bun-bon (Auf den Donner der Kanonen — antworte ich
nur etc.); „L'Ospedale" (Das Krankenhaus), ein burles-
kes Drama mit Musik von Antonio Abati; die Personen
desselben sind: die Gesundheit, welche den Prolog spricht;
ein Höfling mit Brustleiden; ein Verliebter mit Herz-
leiden; ein Armer, krank am „Beutel"; ein Verrückter mit
Kopfleiden; ein Arzt und ein Fremder.

Die Komponisten verlegten, vielleicht weil es ihnen
an komischen Sujets fehlte, ihre ganze künstlerische Thätigkeit auf die ernste Oper. Die Poesie, welche die Musik
zu begleiten hatte, verfiel mit wenigen Ausnahmen ins
Schwulstige und Sonderbare, oft haben die Werke mehr
von der Parodie als von einer tragischen Handlung. Die
Personen scheinen alle aus einem Stück geformt: Chine-
sen, Türken, Römer, Griechen, mythologische Personen,
solche aus Fabeln oder geschichtliche: alle haben sie dasselbe Gesicht; auf die historische Wahrheit nahm man
keine Rücksicht, ebensowenig auf die des Ausdruckes.
Praxiteles, verliebt in Phryne, schenkt ihr eine Taschen-
uhr; Alcibiades zeigt sich dem Publikum elegant in einem
modernen Wägelchen mit Vorläufern und Kurieren, griechische und römische Frauen tragen venezianische Mas-
kenkostüme. [29]) Die Musik musste die Zeichen des Zeit-
geschmackes an sich tragen, so tüchtige Meister der
Melodie Cesti, Cavalli und Legrenzi auch waren. Gevaert
sagt in seiner Schrift: „Die Vokalmusik in Italien" folgendes: „Im Jahre 1620 ist das Theater in dem Verfall
des litterarischen Geschmackes herabgekommen, welcher
unglücklicher Weise Italien im 17. Jahrhundert so sehr
anhaftet"; dann fährt er fort: „Mit übernatürlichen Erscheinungen wechseln Scenen der niedrigsten Komik
ab". — Alles wahr; aber doch ist all das weniger tadelns-
wert als das, was die alten Meister der flämischen Kunst-
epoche thaten: sie komponierten nämlich M e s s e n und
kirchliche M o t e t t e n nach Themen weltlicher und un-
anständiger Lieder; z. B. das Lied der Girometta (lüder-
liches Frauenzimmer) wurde durch die Kunst eines kalt-

blütigen Kontrapunktisten, mit Canons und anderen ähnlichen Kunststückchen in ein Agnus Dei oder in ein Kyrie Eleison verwandelt. Auch sind die Beispiele nicht selten, dass mit dem kirchlichen Texte der weltliche verbunden wurde. In einer M e s s e von Obrecht singt beim ersten Kyrie der Tenor in der Landessprache: „Nie habe ich eine schönere gesehen"; beim Hosianna: „Das Geheimnis meines Herzens"; beim Benedictus: „Fräulein, lasst mich wissen, ob . . ."[30])

Komische und lächerliche Personen sah man mit den tragischen vereint. Eine beliebte Maske war die des dummen Dieners, der noch dazu bucklig und stotternd war.

Vom Giasone (Jason), einem Melodrama von Cicognini, das in Venedig mit Musik von Cavalli 1649 aufgeführt wurde, gebe ich hier einen Teil des Rezitativs zwischen Orest und dem Diener Demo, das mit Wahrheit den Fehler des Stotterns wiedergiebt:

6) *Demo.*

s'af - fon - dò s'an- s'an- s'an- s'an- *Oreste.* s'an - ne - go, s'an- s'an- s'an- s'an- s'an- s'an - ne - gò s'an - ne - gò

(er ging unter, er ertrank)

Wenn dem Original eines Musikstückes ein solcher Typus des Lächerlichen fehlte, so wurde er von Anderen hinzugefügt. [31])

Welche Anschauung von der Kunst bewog nun die Melodramatiker, derartige scenische Werke zu verfassen, und die „Maestri", dieselben anzunehmen? Man muss sich hierbei an den Streit erinnern, welchen die Partei des Guarini gegen dessen Gegner De Nores führte. Die ersteren hielten daran fest, dass man in der Tragödie auch Komisches einfügen könne, ohne dass hierdurch der Kunst Eintrag geschähe. Man behauptete, dass es, noch vor dem Pastor fido (guten Hirten), Beispiele von Tragikomödien gab, wovon einige von einem gewissen Messer Giulio il Magnifico und Messer Orazio aufgeführt wurden. Ein gewisser Battista aus Verona, ein berühmter Schauspieler seiner Zeit, habe in Frankreich und Italien die Hirten-Tragikomödie: „La pazzia d'Orlando" (Die Tollheit Rolands) aufgeführt.

Zur Unterstützung dieser Ansicht beriefen sie sich auf das antike Theater, und citierten den Cyklopen des Euripides, den Amphitryon des Plautus, und namentlich Rinto von Tarent, welcher die Tragödie ins Komische verwandelt und deshalb den Beinamen Stiax, der Betrunkene, hatte. [32])

Die Meister der Poesie und der Melodie waren im guten Glauben, das antike Theater nachzuahmen und hierdurch den Zuschauern grösseren Genuss und dem Schauspiele mehr Mannigfaltigkeit zu bieten. Orazio Vecchi sagt in der Vorrede zu seinen Veglie, er wähle diese Kunstform, um einer Vorschrift des Aristoteles zu folgen, das heitere mit dem ernsten zu verbinden und beruft sich hierbei auf den Cortigiano des Castiglione und auf Tasso.

Ich will diese Kunstrichtung nicht rechtfertigen und noch weniger loben, ich will nur die Ursachen und Gründe angeben, welche sie herbeiführten. Man ist kein guter Kritiker, wenn man bei Besprechung der Vergangenheit an die Gegenwart denkt.[33]) Den wenigen Kennern der Komödie des Aristophanes wird es unmöglich scheinen, dass in den 'Εκκλησιά ζουσαι eine Magistratsperson auf die Bühne kommt, um ein natürliches Bedürfnis zu verrichten, sich bei dieser veristischen Operation längere Zeit aufhält und dabei in subiecta materia eine gute Dosis attischer Spässe zum Besten giebt.

Wenn also im strengen Sinne des Wortes die Melokomödie nicht blühte, so fehlte ihr doch nicht der komische Ausdruck; im Gegenteil, er kam wahrscheinlich mit noch grösserem Beifall in jeder theatralischen Aufführung zur Geltung, weil er wahrer war. Angesichts der ernsten Personen ohne Blut und Nerven, Hirten als Könige verkleidet, Eroberer, Römer und Scythen, war die komische Person etwas Lebendiges; dem Gähnen zog man das volkstümliche Lachen vor.[34])

Mit welchem Melodrama begann eine solche Mischung von Komischem und Tragischem? Eines der ältesten ist das Melodrama sacro: S. Alessio, vom Kardinal Barberini, einem Neffen des Papstes, mit Musik von Stefano Landi, aufgeführt zu Rom am 14. Januar 1634, „mit neuen Intermezzos", im Palazzo der Signori Barberini.[35]) Gevaert findet musikalisch lobenswert die Person des Teufels, und nicht selten erinnert sein Gesang an die infernalen Accente Hidraots, Caspars und Bertrams. Gut so! Vom litterarischen und scenischen Standpunkte aus missfällt es mir nicht, ihn als Eremit verkleidet zu sehen, wie er sich über die Leichtgläubigkeit des Pagen lustig macht. Der Page Morzio spricht:

> In queste selve ombrose
> Non vorrei, che il catarro m' offendesse.

(Ich möchte nicht, dass ich in diesen schattenreichen Wäldern den Katarrh bekäme.)

Der Teufel beruhigt ihn:

> Non dubitar di questo,
> Che subito una stanza
> Ti darò la piu calda che vi sia.

(Zweifle nicht, sofort werde ich Dir mein wärmstes Zimmer anweisen.)

Barberini hat den mythologischen Teufel des Hirtenspieles (Eurydice) ganz zum Menschen gemacht, ohne
Teufelsfratze und Farbe. Ohne es zu wollen, erinnert
mich das an Goethes Mephistopheles. Der Italiener,
humoristisch genug, zeigt, dass er so wenig an ihn glaubt,
als der Deutsche.

Unter den Bühnenwerken jener Zeit gebe ich den
Vorzug der Orontea von G. A. Cicognini, zum ersten
Male in Musik gesetzt vom Abbata A. Cesti und aufgeführt zu Venedig 1649; später vom Neapolitaner Francesco Cirillo, aufgeführt zu Neapel 1654.[36]) Vom Textbuche giebt es einen Abdruck aus jener Zeit.

Ich übersetze den Titel davon: Orontea — Musikdrama von D. Hiacinto Cicognini — unermüdlichem Aka-
demiker — aufzuführen in Venedig im Theater dei SS.
Apostoli — im Jahre 1649. — Personen: Orontea, Köni-
gin von Aegypten — Creonte, Philosoph, Erzieher der
Königin — Silandra, Dame — Corindo, Hofkavalier —
Gelone, Spassmacher[37]) — Tibrino, Page — Aristea,
Alte — Alidoro, vermeintlicher Sohn der Aristea, von
dem sich aber herausstellt, dass er Floridano, der Sohn
Sidonios, des Königs der Phönizier ist — Giacinta, Skla-
vin, als Mann verkleidet, unter dem Namen Ismero —
Soldaten der königlichen Leibwache — Amor — 2 Tri-
tonen — Sirene — Superbia (Hochmut) — Pudicizia
(Schamhaftigkeit).

Der Stoff der Orontea, armselig und kindisch genug,
ist ganz der einer Tragikomödie, und könnte eine Komödie heissen, wenn die Personen niedrigeren Standes wären.
Orontea, Königin von Aegypten, war stets eine Feindin
der Liebe, verliebt sich aber bis über die Ohren in den
jungen Alidoro, den vermeintlichen Sohn der Aristea und
eines Seeräubers. Dieser wurde in der Familie Sidonios,
des Königs von Phönizien aufgezogen, wobei sich dessen
Tochter Arnea wahnsinnig in ihn verliebt; Alidoro, dem

diese übergrosse Leidenschaft widerstrebt, flieht; auf hal-
bem Wege wird er eingeholt und von einem Meuchel-
mörder Arneas verwundet. Uebel zugerichtet bittet er
am ägyptischen Hofe um Gastfreundschaft. Nachdem
seine Wunde geheilt ist, zeigt er sich leichtsinnig und
ganz dem Genusse ergeben: „Agli scherzi donneschi sono
avvezzo" (An die Scherze mit Frauen bin ich gewöhnt).
Lisandra, die Geliebte Corindos, dessen Liebe sie früher
erwiderte, wird die Rivalin Oronteas; sie gesteht ihren
Gedanken Alindoro, welcher sich hierüber freut. Orontea, als Königin, ist vorsichtiger, aber eines Tages findet
sie den jungen Mann eingeschlafen, schmückt ihn mit den
königlichen Insignien und legt neben ihn einen Brief. [38])
Beim Aufwachen versteht Alidoro alles und ruft aus:
„Stecke den Nagel fest, o Glück, — ich schlafe als Bettler
ein und wache als König auf". Giacinta, in Männerkleidung unter dem falschen Namen Ismero, gesteht der
Königin ihr Verbrechen, Alidoro verwundet zu haben.
Die alte Aristea weiss hiervon nichts, bittet Ismero um
seine Liebe und sagt, sehr wahr, hierfür den Grund:

> E se ben vecchia,
> Son di carne anch' io! [39])

(Wenn ich auch alt bin, so bin doch auch ich von Fleisch und Blut.)

Alles geht aber gut aus. Mittels einer Medaille ent-
deckt man, dass Alidoro der Bruder Arneas, also Sohn des
Königs von Phönizien ist. Orontea nimmt mit Freuden
den königlichen Prinzen zum Gemahl, Lisandra kehrt
nach Korinth zurück, nur Aristea geht leer aus. Der
heitere Ausdruck überwiegt um vieles den ernsten und
gemessenen. Ernste Personen: Orontea und Creonte;
komisch, ja sehr komisch: Gelone. Dieser liebt nur den
Wein und verachtet Reichtümer, Ehren, Freuden, Ge-
lehrsamkeit und freut sich nur, wenn der Rebensaft aus
dem Fasse quillt; er ist nur vergnügt, wenn er in seinem
Leib das clò, clò („gluck, gluck") hört. Den grössten
Teil des Tages ist er betrunken; die Königin ruft ihn,

er aber will sie nicht sehen: „Die Königin will mich zum
Manne, ich aber will sie nicht":

> Perchè il conto a me non torna,
> Su la corona d' or spuntar le corna.

(Weil es mir nicht passt, dass mir aus der goldenen Krone Hörner
hervorwachsen.)

Dieselben mythologischen Personen verwandeln sich
in komische. Amor in einen Arzt:

> „Mortali, non ridete,
> Se Amor cangiato in medico vedete."

(Sterbliche, lacht nicht, wenn ihr Amor in einem Arzt verwandelt seht.)

Ausserdem verlangt er:

> „Il titol mi si dia d' eccellentissimo"

(Man gebe mir den Titel Durchlauchtigster.)

Eine andere lustige Person, ein würdiger Genosse
des Gelone, ist Tibrino.

Was die Musik betrifft, so wundere ich mich nicht
wenig über den Ausdruck des Komischen im Werke
Cirillos, wenn auch die Zeit mit in Betracht gezogen werden muss, denn der Stil ist so genial und gefällig, dass er
oft die zeitgenössischen Meister überflügelt. Cirillo
scheint mir (und vielleicht ist er nicht der einzige) den
Uebergang von der Florentiner Schule, auf welche die
venezianisch-römische folgt, zur neapolitanischen zu re-
präsentieren. Allerdings darf man seinen Stil nicht als
Bindeglied mit jenem der Serva padrona Pergolesis betrachten; dafür zeigen die komischen Intermezzi des
Scarlatti den Weg sehr gut, aber, wenn auch nur im allgemeinen, so kann man Cirillo doch das Verdienst nicht ab-
sprechen, in etwas darauf hingewiesen zu haben, und muss
ihn unter die Vorläufer der modernen Melokomödie
rechnen. [40])

Sein Rezitativ hat das eigentümliche, dass, wo der
Text es verlangt, kleine Melodien angebracht sind, rhythmische Kadenzen, Anläufe zur Melodie von solcher Wir-

kung, dass sie ihm einen für jene Zeit ungewöhnlichen Charakter verleihen. Ich gebe hier einige Beispiele davon. Zwischen Tibrino und Gelone entspinnt sich ein Dialog im Rezitativ, der von grosser Komik ist und mit einer lebhaften Kadenz schliesst.

7)

Gelone.

Ven-go, ven-go, ven-go, ven-go,   in un ia-go di vin il son-no

(Gelone: Ich komme, ich komme, ich komme, ich komme,
       In einem See von Wein ertränke ich den Schlaf.

Tibrino.

Dam-mi la man   O che gus-to

spen-go   Dam-mi il bicchier

(*Tibrino:* Gieb mir die Hand, o welche Lust.)
(*Gelone:* Gieb mir den Becher.)

a dormir, a dormir   a ber, a ber.

o che piacer   a gi-oir a gi-oir a ber, a ber.

(*Tibrino:* _____ zu schlafen, } zu trinken.
(*Gelone:* O welches Vergnügen! zu geniessen,

Tibrino: Gieb mir die Hand,
Gelone: Gieb mir den Becher,
Tibrino: O, welch Geschmack,
Gelone: O, welche Freude,
Tibrino: Zu schlafen, zu schlafen,
Gelone: Zu geniessen, zu geniessen
Beide: Zu trinken.)

Die melodischen Sätze in der Rolle des Gelone sind nicht wenige; ich gebe die komischsten hiervon. Gelone parodiert das ernste Wesen und singt:

A im-bri-car-mi io vo - - - lo

(Ich fliege, um mich zu betrinken.)

Er will so viel trinken, dass er die Eingeweide verliert, aber der Klang des Cembalo lädt ihn zum Tanze ein.

io vo' bal-lar, io vo' bal-lar

(Ich will tanzen, ich will tanzen.)

Betrunken, glaubt er auf dem Meere zu sein und fürchtet ausgespottet zu werden, wobei Gesang und Begleitung der scenischen Handlung folgen; er singt:

Bestia ti ri-di vostro zu-gar bruttoa-ni-mal.

(Vieh, du lachst, du langweiliges, hässliches Tier.)

Zu diesen Fragmenten füge ich die Ariette des Tibrino, in welcher man eine für jene Zeit neue Lustigkeit
wahrnimmt; die Kadenz der zweiten Strophe ist in der
komischen Kunst geblieben, das Ritornell ist lebhaft und
gewandt. [41])

III. Akt, 14. Scene.

11)

A-mor che di - ci tu,   a - me-rò   sì   o no

(Amor, was sagst du? Werde ich lieben, ja oder nein?)

sì   sì   sì   o   no   a - me - rò sì o   no

sì o no,   fan-ci-ulletta su-per-bet-ta, fan-ci-ulletta su-per-

(stolzes Mädchen, du willst die Herrschaft über mein Herz)

bet-ta del mio cor brami l'im - pe-ro, del mio cor brami l'im - pe-ro etc.

Wiederholung des Thema's:

A-mor che di - ci tu   che che   che che di - ci tu amo - re a - mor che di - ci tu a - mor che di - ci tu.

Ritornello.

(Violoni.)

Cadenz der 2. Strophe.

ch'io m'in-na - mo - ri più io me ne ri - do,

(„Ich verliebe mich nicht mehr, ich lache darüber").

ch'io m'in-na - mo - ri più io me ne ri - do io me ne ri - do.

Das Duett zwischen Alidoro und Lisandra ist jenes Stück, welches besonders meine Aufmerksamkeit auf sich zog, sowohl bezüglich seiner Form, als des durch seine Komik und das Kadenzieren charakteristischen Motives. Aus dem gut getroffenen Toncharakter, aus der Entwicklung der Kantilene, welche oft in verwandte Tonarten moduliert, kann jeder Künstler Nutzen ziehen. Der

„Lebhaftigkeit der Ideen" unserer alten Schule, deren Wert auch Martini anerkennt, möchte ich noch als weitere charakteristische und beständige Merkmale hinzufügen: die Tonart, die Kadenz und die Eigentümlichkeit des Basses beim Begleiten der Melodie.

I. Akt, 11. Scene.

12) *Alidoro.*

Don-zel-let-ta vez-zo - set - ta, d'a-scol-tar - ti non mi

(Hübsches Mädchen, dich anzuhören thut mir nicht leid, scherze

pen - to, con-gliac - cen - ti tuoi pun - gen - ti scher - za

nur mit deinen Stichelreden, ich bin es zufrieden.)

pur ch'io son conten-to scherza   pur, scherza pur che son conten- to.

Lisandra.

Non scherni-sco, ri-ve - ri-sco le ce - le - sti de - i - tà, s'io t'a-

(Ich scherze nicht, ich verehre die himmlischen Gottheiten, ob do - ro, A - li - do - ro, il mio cor tra - fit - to il sa,   il   mio

ich dich anbete, Alidoro, das weiss mein verwundetes Herz.)

cor, il mio cor tra - fitto il   sa.

Alidoro.

Dun - que amo - re per me il cu - ore dol - ce - men - te ti fe-

(Also Liebe zu meinem Herzen hat dich süss verwundet.)

Lisandra.

Son fe - ri - ta,   son fe - ri - ta,   son fe - ri - ta,

ri.   O mia vi - ta,   o mia vi - ta,   io t'a-

(*Lisandra:* Ich bin verwundet, ich bete dich an, ja, ich bete dich an.)
(*Alidoro:* O mein Leben, ich bete dich an, ja, ich bete dich an.)

io t'a-do - ro   io t'a-do-ro, sì sì sì, io t'a-

do - ro sì sì si,   io t'a-do - ro,   sì   sì,

do - ro   io t'a - do - ro   sì   sì   sì.

io t'a - do - ro   sì   sì   sì.

Wollen wir etwas analysieren. Es findet sich darin ein Ausdruck des Komischen, der nicht vulgär ist; der Rhythmus hat nichts vom Tanzliede und da Note und Wort in lebhafter Weise gegeben wird, so nähert es sich ziemlich der Sprechweise.

Lisandra antwortet nicht, wie wir es bei den alten Meistern jener Zeit finden, mit derselben Kantilene, welche die andere Stimme hatte, sondern mit einem zweiten Thema, in der Quint der Tonart. Das Ende des Stückes ist fast ein Allegro-Cabaletta mit Frage und Antwort. Das Allegro beginnt bemerkenswerter Weise mit einem kurzen Rezitativ. Die Duette in jener Zeit waren im allgemeinen zweistimmige Canzonetten, eine volkstümliche und primitive Form. [42])

Bei allem Respekt vor dem tüchtigen Maestri Cesti, namentlich als Komponist dramatischer Musik, bleibt er doch hinter dem neapolitanischen Komponisten ziemlich zurück. Ich führe dieselbe Stelle, von diesem komponiert, an:

13) *Alidoro.*

Don-zel - let - ta   vez-zo - set - - - ta

(Hübsches Mädchen, ich höre dir gerne zu).

d'as-col-tar-ti no, non mi pen - to con gliac-

(scherze nur

cen - ti tuoi pun-gen - ti scher-za pur, scherza

mit deinen spitzigen Worten)

pur ch'io son con-ten - - to scher-za

(ich bin zufrieden)

pur, scher - za pur ch'io son ch'io son con - ten - to.

Die Melodie, obwohl nicht zu verachten, entspricht nicht der scenischen Handlung, weil gemessen und gedehnt, ohne Begeisterung im Ausdruck, und das „Kadenzieren", welches eine Eigentümlichkeit der Florentiner Schule ist, hat einen Anstrich von Psalmodie. Cirillo dagegen sucht neue Bewegungen, substituiert auf der Dominante, welche in die Tonika fällt, der Quint die Sext. Diese Anwendung der Sext statt der Quint ist ein charakteristisches Merkmal seines Stils.

Am Schlusse der langen Scene Oronteas, 2. Akt, 19. Scene, welche in einem Rezitativgesang besteht, giebt er diesen sehr ausdrucksvoll in Moll.

3*

14)

non m'in-ge - lo - sir più, ri - po - sa.   Ad - di - o

(Mache mich nicht mehr eifersüchtig, ruhe aus, Lebwohl!)

In der Ariette des Gelone (I. Akt, VI. Scene) bildet er einen Teil der Melodie also:

15)

Chi non be - ve   vi - ta bre - ve   go - de - ra.

(Wer nicht trinkt, der hat ein kurzes Leben, der gute,

il buon vi - no   ch'è di - vi - no   vi - ver fa.

göttliche Wein giebt Leben.)

In der Ariette der alten Aristea ist ausser genannter Substitution zu bemerken, dass die verminderte Quint frei eintritt, um aus D moll nach C dur zu modulieren.

16)

Is - me - no cru - de - le lan - gui - re mi fa,   ma sal - dae fe-

(Der grausame Ismeno lässt mich schmachten, aber meine Seele

de - le quest'al - ma si sta se ben da tor - men - ti non re - ca spa-

bleibt fest und treu, wenn auch ernste Schönheit mich vor Qualen ven-to se-vera bel-tà se fiero ri-gor ri-troso mostrò quel ri-gi-do cor

zurückschreckt, wenn dieses starre Herz auch unerbittliche Strenge zeigt.)

Um auf das Duett zwischen Lisandra und Alidoro zurückzukommen, so wiederholt Cesti die 4 Strophen des Cicognini mit demselben Motiv mit wenigen Aenderungen. Die bei der Antwort Lisandras der gesungenen Strophe angefügte Kadenz ist wenig hübsch:

17)

il mio cor - - - -

(Mein verwundetes Herz weiss es.)

- - tra - fit - to il sa.

Aus dem kurzen Rezitativ Alidoros macht Cesti, indem er die Worte etwas ändert, einen zweistimmigen Gesang; die folgenden Worte: „Son ferita" fügt er in demselben Tempo und Ton der Canzonetta bei.

18) *Lisandra.*

Or se a-mo - re per me il co - - - re

Alidoro.

(Wenn nun Liebe zu mir das Herz . . . .)

Benedetto Croce hat in seinem wertvollen und müh-
samen Werke: „I teatri di Napoli" (Die Theater Neapels)
gesagt, man müsse bis zum Jahre 1678 warten, um ein
einheimisches Libretto zu finden, und bis 1684, um Libretto und Musik zu finden. Wie man sieht, sind Sorren-
tino (der Autor der Fedeltà trionfante, Musik von Giuseppe Alfiero, 1655), Paolella (Autor des Melodramas:
Il ratto di Elena, Musik von Cirillo, 1655), Cirillo, Alfiero,
bei dem Eindringen und der Fortdauer des „Venezianis-
mus" (Venetianer Stils), die ersten schüchternen neapolitaner Librettisten und Komponisten. Die Librettisten
sind thatsächlich wenig wert; den Wert der Komponisten
kann der erkennen, welcher sich die Mühe giebt, ihre Par-
tituren aufzusuchen und zu examinieren. Die Orontea
ist ein wichtiges Dokument für unsere Kunst, und mit
Recht nennt Quadrio [43]) Cirillo: Grossmeister der neapolitanischen Musik in der Mitte des XVII. Jahrhunderts.[44])

Der Ausdruck des Komischen, welcher in den Melodramen des 17. Jahrhunderts keine kleine Rolle spielte,
bildet am Ende dieses Jahrhunderts die Aktschlüsse ohne
besonderen Zusammenhang mit dem Sujet des Melodramas,[45]) um dann später eine vollkommen selbständige
scenische Handlung zu werden, welche in den Zwischenakten der Oper aufgeführt und Intermezzo genannt
wird. Im Anfange suchten die Dichter und Schauspiel-
direktoren diese Intermezzi in einem gewissen Grade
dem Stücke selbst anzupassen; so gaben sie den Hirten-
spielen in Musik solche mit ländlichem Charakter; und
der „Amore ingannato" (der „Betrogene Amor") bildete
das Intermezzo zum Hirtenspiel Filarmindo, Venedig,
1606. [46]) In der Folge aber bekam das Komische den
Vorzug. Ohne Zweifel ist die komische Oper ein er-
weitertes Intermezzo.

G. B. Pergolesi, der Autor der Intermezzi „La Serva
padrona", zum ersten Male in den Zwischenakten seiner

anderen Oper „Il Prigioniero superbo" („Der stolze Ge-
fangene") am 28. August 1733 im Theater S. Bartolomeo
beim Geburtsfeste der Kaiserin aufgeführt, gilt als der
erste, welcher eines der bedeutenderen Werke komischer
neapolitanischer Musik geschaffen hat. Sie wurde zusammen mit anderen komischen Opern 1752 in der Opéra
zu Paris aufgeführt und machten hierdurch Frankreich
mit einer neuen Musikgattung bekannt. Diesen folgten
in ihren komischen Opern Blavet, Autor des Jaloux cor-
rigé, pastiche italien; Monsigny in seinem „Ou ne s'avise
jamais" und Dauvergne mit den Troquereurs. ⁴⁷)

Die Serva padrona repräsentiert den Typus der, wollen wir sagen bürgerlichen Melokomödie, der „frate
innammorato" (Der verliebte Bruder), ebenfalls von Pergolesi, giebt dagegen den unserer komischen Oper. Ich
ziehe ein Studium der letzteren vor, weil sie wenig bekannt ist.

Die Serva padrona, obwohl eine glänzende künstlerische Erscheinung, ist und bleibt doch nur ein Intermezzo für zwei Personen (die dritte ist taubstumm), ohne
scenische Abwechslung weder im Charakter, noch im
Ausdruck; der frate innammorato dagegen ist wegen seines Umfanges und des Reichtums der Details ein vollkommen scenisch - musikalischer Organismus. Für den
Schluss dieses Studiums über die Ursprünge der komischen Oper wollen wir uns dauernd in Neapel nieder-
lassen, um ein wenig den Ausdruck seines Dialektes, die
Musik als Kunst jener Zeit und die besten Werke dieses
Genres zu studieren.

Settembrini verneint es in seiner Letteratura ita-
lana, vol. III, pag. 141, zu schroff, dass die Komödie in
der allgemeinen Sprache Italiens sein könnte, und behauptet, die komische Oper könne nur im Dialekt, und
zwar im neapolitanischen gegeben werden. Der Neapolitaner ist von Natur aus zum Scherze geneigt; indem

er das Elend des Lebens vergisst, erfreut er sich am Gesang einer Serenata, beim Anhören einer Canzonetta, eines satyrischen Ritornellos.

Jederzeit hat er sich durch seine gelungene Nachahmung der Fehler Anderer ausgezeichnet. Zum Komischen veranlagt, findet er schnell das Motto, die derbe, aber charakteristische Bezeichnung, bei jeder Begebenheit, ob sie ernst oder unheilvoll ist. Indem er sich nicht um das Morgen kümmert, zeigt er sich überzeugt, dass der Zufall oder das Schicksal über die Vorgänge auf Erden walten. Ein Sprichwort jener Zeit weist auf die neapolitanischen Scherze und die lombardischen Sujets hin. Mit dieser seiner zur Nachahmung geeigneten Natur vereinigt er eine grosse Vorliebe für den Gesang, und er fühlt in umfassender Weise, mit Leidenschaft. Dazu trägt die Muttersprache nicht wenig bei, denn jede Volksmusik entnimmt ihren hauptsächlichen Charakter aus der eigenen Sprache.

Diese zwei Eigentümlichkeiten dürften genügen, um zu erklären, warum die komische Oper in Neapel und nicht anderswo entstand.

Es ist bei uns eine alte Gewohnheit, den Gesang mit der komischen Darstellung zu vereinen. Nicht selten verkleideten sich vornehme Persönlichkeiten und ehrbare Leute als Gaukler, um Komödien aufzuführen und zu singen, ja selbst in den Klöstern fanden derartige Aufführungen fröhliche Aufnahme. [48])

Ich übergehe die Farse Cavaiole, welche im 15. Jahrhundert, wie Napoli-Signorelli bemerkt, hauptsächlich in den Häusern der hohen Herren und der Mitglieder des königlichen Hauses Aragona aufgeführt wurden. [49]) Ich übergehe ferner die Komödien Portas, wie man neue Namen für alte Dinge erfand, [50]) indem man ein wenig das spanische Theater nachahmt, um mich auf das Argument zu beschränken: Welches war die erste komische

Oper? Benedetto Croce glaubt mit vieler Wahrscheinlichkeit, es sei: Patrò Calienno della Costa. Der Verfasser der Poesie ist Agasippo Mercotellis, die Musik von
Maestro Antonio Orefice. [51])

Es wurde im Oktober 1709 im Theater der Florentiner aufgeführt. Bald darauf folgte: Spellecchia finto
Razzallo [52]) von Carlo de Pretis, Musik von Tommaso
Mauro. Die neue Art fand so vielen Beifall, dass bald
Dichter und Komponisten sie mit Liebe und Erfolg kul-
tivierten. Auf Mercotellis und De Petri folgt als Pfleger
des komischen Stils der tüchtige Francesco Tullio, welcher in der Kunst den anagrammatischen Namen Colan-
tonio Feralintisco führte. Sein Zeitgenosse ist der frucht-
bare Bernardo Saddomene, welcher nach 1700 lebte.
Andere Autoren in diesem Genre sind ausser dem bekannten Gennarantonio Federico, Aniello Piscopo, Francesco
Viola, ein anagrammatischer Name für Oliva, der Römer
Mariani, in Neapel erzogen, und Andrea Belmuro. [53])

Da Mercotellis, der Dichter der Komödie Patrò Calienno, erklärt, er habe sie in grosser Eile fertigstellen
müssen, [54]) so bemerkt Benedetto Croce, dass dies annehmen lässt, die komische Oper sei als bizzare improvisierte Idee entstanden, um einem Bedürfnis, einer Lücke
im Theater abzuhelfen. Wahrscheinlich ist es so; nur
wundere ich mich, dass diese Idee nicht früher entstanden
ist. Mit Sicherheit kann man allerdings die komische
Oper nicht eine unmittelbare Darstellung des neapolitanischen Lebens nennen, jedoch ist es unzweifelhaft,
dass dieses dazu beigetragen hat, das neue Genre zu
schaffen und dass die Neapolitaner die Notwendigkeit
hiervon empfanden. Nachdem einmal die burlesken und
komischen Scenen in die ernsten Opern eingeführt waren,
und Beifall fanden, wurden sie auch hinzugefügt, wenn
sie im Original fehlten; [55]) dass dann die komischen
Rollen statt italienisch in neapolitanischem Dialekt gesprochen wurden, war nur ein kleiner Schritt weiter.
Und wenn die Komödie in Prosa vollständig im Dialekt,

wie der genaue B. Croce bemerkt, fast gleichzeitig mit
der komischen Oper entstand,[56]) kann man, glaube ich,
folgern, dass der komische neapolitanische Typus viel
Glück hatte, wenn wir gleichzeitig ein doppeltes dar-
stellendes Genre entstehen sehen, das eine in Musik, das
andere in Prosa, vollkommen volkstümlich und im Dialekt. Die komisch-künstlerische Entwickung, von der
Zeit verlangt und gefühlt, scheint mir mehr als eine bizarre
Idee, ja ein logischer Uebergang von einer Form zur andern zu sein. So bemerken wir, dass die Maske des
Spellecchia, welche den Titel und die Hauptrolle der Komödie von De Pretis bildet, 1709, also 30 Jahre früher
in einem musikalischen Werke erschienen war, welches
eigens für die Orontea Cestis geschrieben war.[57]) In der
Widmung des Werkes, welche von den Filomolfi an Gero-
nima Pignatello, Fürstin von Avellino, Neapel, 26. Januar
1674, gerichtet ist, bemerken dieselben, dass einigen die
Dedikation thöricht scheinen könnte, da die Dichtung von
Cicognini, die Musik von dem berühmten Bühnenkompo-
nisten Abbate Cesti ist.[58]) Allein es erscheine nicht mehr
thöricht, wenn man erfahre, ,,dass der Text in vielen Stellen geändert, und von der Musik der dritte Teil und vielleicht noch mehr unsere Komposition ist". Die Aenderungen, welche am alten Melodrama vorgenommen wurden, sind vom künstlerischen Standpunkt aus wichtig.
Ich erwähne nur, dass der Komiker Gelone in den neapolitanischen Spellecchia geändert ist. Mit dieser Person
beginnen die charakteristischen Merkmale der Kavatine
des Buffo:

> Bella cosa è sta squitato
> Senza guaie de mogliere,
> Ca no povero nzorato,
> Maje contento pot' havere.

(Es ist etwas schönes, Junggeselle zu sein, ohne die Verdriesslichkeiten einer Frau, denn ein armer Ehekrüppel kann nie Zufriedenheit
geniessen.)

Im 3. Akt, 9. Scene, sagt er mit Witz:

> A fé ch' a chesta Corte
> Vao sagliendo ngrado, chiano chiano,
> Pe mò song' azzellente ruffiiano!

(Meiner Treu, an diesem Hofe komme ich allmählich zu Ehren; schon
jetzt bin ich ein ausgezeichneter Kuppler!)

Im Dialoge mit Tibrino, 2. Akt, 10. Scene, zeigt sich
dieser als unerschrockener Held, Spellecchia dagegen als
genialer Feinschmecker:

> Tib. Di turbe guerriere
>   M' alletta l' ardire.
> Spell. Piatte e tagliere,
>   Carrafe e bicchiere,
>   Me fanno sperire.
> Tib. Dove si pugua?
> Spell. Addô se sguazza e sberna!
> Tib. Alla guerra, alla guerra!
> Spell. A la taverna.

(Tib. Mich freut der Mut kriegerischer Scharen.
Spell. Mich unterhalten Teller und Schüsseln, Karaffen
    und Gläser.
Tib. Wo wird gekämpft?
Spell. Wo wird gezecht und gesungen?
Tib. In den Krieg! In den Krieg!
Spell. Ins Wirtshaus!)

Die Musik hiervon vermochte ich nicht aufzufinden.

Der Stoff zu unsern alten Komödien in Musik erinnert oft an alte dramatische Motive, erhält aber Bedeutung durch einen Hauch alltäglichen Lebens. Der heimische Ausdruck des Komischen liegt mehr in der Figur
als in den Worten und besteht in der Karikatur der
Stimme, im Hin- und Herlaufen, in den grotesken Bewegungen, die oft sprechend und ausdrucksvoll sind, im
Ritornell von accentuierten und bedeutungsvollen Noten.

Komische Masken und Typen sind, für Männer:
Luccio, Micco, Masillo, Colarienzo, Colecchia, Ciommo,
Marcone, Nardillo und Ciccoriello; für die Frauen: Rita
Tolla, Chiarella, Belluccia, Graziella, Vastolla, Norella.
Nannella und Palomma, und jene scheusslichen Alten:

Popa, Zeza und Teuza, meistens vom Tenor Simone De
Falco dargestellt, welche die Lust des Publikums der Fiorentini bildeten.

Man sollte es nicht glauben, dass unsere heimische
Sprache ausschliesslich für volkstümliche und niedere
Rollen verwendet wurde. Wenn unsere Poesie edle Ge-
fühle behandelt, erhebt sie sich oft zu wahrhaft poetischem
Ausdruck. Leicht und musikalisch ist der Vers, selbstän-
dig die Gedanken, spontan der Reim, lebhaft die Bilder.
Der Paglietta geluso (eifersüchtige Advokat), aufgeführt
1726 im Theater e' Fiorentini mit Tänzen, welche der
Neapolitaner Rocco Luongo dirigierte, scheint mir, wie
auch Napoli-Signorelli sagt, das gefälligste der Stücke
Saddomenes, Nanno frägt den Mimmo, der melancho-
lisch ist: „Was fehlt Dir?" Mimmo antwortet:

(Rezitativ:) Amico, ha ecchiù de n' anno
                Che non veo nenna mia,
                Chella faccia de fata rossa e ghianca
                E tu me staie a dire: che te mauca?

(Arie:) Che le manca a chill' auciello
            Che sta' dinto a la gaiola!
            Magne, veve, zoppa, vola,
            E s' accide a sosperà.
            Tu dirrai ca va' cercanno
            Libertà lo poveriello,
            Ma te' nganne, va chiammanno
            La compagna che non ha.

(Rezitativ:) (Freund, es ist länger als ein Jahr,
                Dass ich meine Nenna nicht sehe,
                Dieses rosige und weisse Feengesicht,
                Und du frägst mich, was mir fehlt?

(Arie:) Was fehlt jenem Vögelchen,
            Das im Käfig sitzt!
            Es isst, trinkt, hüpft, fliegt,
            Und härmt sich zu Tode.
            Du sagst vielleicht, der arme Kleine
            Sucht die Freiheit,
            Aber du täuschest dich, er ruft
            Nach der Gefährtin, die ihm fehlt.)

Eine prächtige Poesie, der sich viele Dichter nicht zu schämen brauchten!

Der scenische Apparat, der in den ernsten Opern eine Hauptrolle spielte, wie das Fliegen von Menschen und lebenden Pferden, Maschinen, aussergewöhnliche scenische Verwandlungen, wurden mit dem Auftreten der komischen Oper unbeliebt und unnötig.

Da die Komische Oper das Volksleben darzustellen hatte, so genügte es, dass die Scene eine Strasse, einen Platz, ein Zimmer und einen Garten vorstellte. Zum Unterschied von der ernsten Oper, hat, oder besser gesagt, präsentiert die komische Oper als charakteristisches Zeichen des Genres das pezzo concertato, die Introduzione, das finale scenico mit mehreren Personen, um einen Akt zu beenden, in welchem der Aufbau der Handlung sich im lebhaftesten Ausdruck zeigt. Das Finale kam später hinzu und wurde mit einer gewissen Aengstlichkeit von den Komponisten und Dichtern des tragischen Melodramas angenommen. [59])

Der Theoretiker und Komponist Manfredini, Zeitgenosse Paisiellos, wiederholt öfters den Unterschied zwischen dem einen und dem anderen Genre: „Was im komischen Stil erlaubt ist, ist es gewiss nicht im ernsten . . . ich möchte nicht, dass die Introduzioni zu sehr gebraucht würden, das sind jene mehrstimmigen Kompositionen, mit welchen die komischen Opern beginnen, noch die Finali, oder wenigstens, dass diese nicht so lang seien, ferner dass man mit den „Chören" sparsamer sei." [60]) Obwohl Paisiello in der Tragödie Pirro von Giovanni Gamerra, aufgeführt in S. Carlo 1787, der erste war, welcher in das ernste Genre die Introduzione und ein Finale concertato und ausserdem noch die Militärmusik auf die Bühne brachte, so ist Manfredini dennoch nicht vollständig überzeugt, ob diese Neuerung für die Tragödie passend sei.

Welcher Gedanke bewog die Dichter und Komponisten des Melodrama, das Concertato auszuschliessen?

Es scheint mir das im Grundsatze zu liegen, nach welchem die moderne Oper geschaffen wurde. Da diese nicht frei war in der Vertonung der Worte, so konnte die neue Kunst nichts anderes thun, als dem Gesetze der dramatischen, der griechischen folgen, nach der Idee der Camerata fiorentina. Auf die musikalische Oper, ganz im polyphonen Madrigalstil, wie der Anfiparnassi, einen Nonsens, folgte notwendigerweise die Reaktion, und deshalb nahmen sich die ersten Komponisten und Pfleger des Melodrams einen vollkommen litterarischen Vorwurf, jenen der Oper ganz im Rezitativ- und monodischen Stil, des gesungenen Dramas, nicht des Melodramas.

Von selbst ergiebt sich die Frage, warum man sie dann in der komischen Oper anwendete? . . . Rousseau, der alles eher ist als altmodisch und scholastisch, sagt uns das Warum, indem er das scenische Duett behandelt. Ich gebe seine Bemerkung hierüber im Original: „De toutes les parties de la musique la plus difficile à traiter, sans sortir de l'unité la melodie, est le Duo . . . L'auteur de la lettre sur Omphale à déjà remarqué que les duos sont hors de la nature, car rien n'est moins naturel que de voir deux personnes se parler à la fois durant un certain temps, soit pour dire la même chose, soit pour se contredire, sans jamais s'écouter ni se répondre. Et quand cette supposition pourrais-je admettre en certains cas, il est bien certain que ce ne serait jamais dans la tragédie, où cette indécence (sic!) n'est convenable ni à la dignité des personnages qu'on y fait parler, ni à l'éducation qu'on leur suppose". Der Verfasser des Contract sociale könnte einem Monsignor della Casa Anstandsregeln lehren. Auf das in der Lettre sur la musique Gesagte, fügt er im Dictionnaire beim Worte Duo hinzu: „il est très ridicule que ces discours simultanés soient prolongés de manière à faire une suite chacun de leur côté", all dieses passe „mieux à des Bouviers qu'à des Héros". Die tragische Person, weil ernst, musste aus einem Gusse, ohne Gesichtsausdruck und Nerven sein; dagegen jene der Komödie, weil plebejisch, konnte sich frei bewegen, verzweifeln, streiten, lebhafte Zwiegespräche führen, die Antwort stets bereit haben, mit einem Worte: sie durfte menschlicher sein. [61]) Haben deshalb vielleicht Vinci und Pergolesi die pezzi concertati geschrieben, Logroscino das finale buffo geschaffen und Piccini dasselbe derart vervollkommnet, dass man ihn fast den Erfinder desselben nennen könnte? Berühmt ist jenes der Cecchina. Einen bedeutenden Fortschritt in der Geschichte der komischen Kunst bedeutet das Septett des Re Teodoro von Paisiello, während das grosse Finale des Matrimonio segreto (heimliche Ehe), welches nur vom „Barbiere" Rossinis übertroffen wurde, als Stammtypus für die Prügelscene der „Meistersinger" und das Geplauder im „Falstaff" gelten muss. Die Alten waren im guten Glauben, betreffs der komischen Oper das Wahre zu haben. Aber ist das Wahre in der Kunst möglich? Trifft Wagner das Wahre, wenn er die Rheintöchter, welche wie tanzend herumschwimmen, singen und trillern lässt; trifft Rossini das Falsche, wenn er die verliebte Rosina und die Semiramis mit Grazie und Anmut singen lässt? . . . Ueberlassen wir es den Meistern, sich hierüber zu verständigen, sie werden stets eine Begründung haben.

Das „Wahre" kann in der Kunst nicht vollständig dargestellt werden; die Kunst kann es nur mittels der Finktion. Werden die Elemente, über welche die Kunst verfügt, nicht mehr für ausreichend gehalten, um es wiederzugeben, so verfällt die Kunst; wir bekommen die bemalte Statue, oder gar die bekleidete und mit Edelsteinen geschmückte. Das Naturgetreue, vereint mit künstlerischer Wahrheit, hat seinen Platz in der Malerei.

Für uns ist es wichtig, zu bemerken, dass die komischen Personen, weil sie Plebejer waren, mit einander reden, sich widersprechen konnten und dass die Behauptung nicht unbegründet ist, das finale s e r i o sei nach dem komischen entstanden. [62])

Die volkstümlichen Elemente unserer komischen Oper sind entweder Satiren oder Liebeslieder (der sogenannte canto a figliola,[63]) oder Tanzlieder (Tarantella), Vergnügungen oder Festlichkeiten des Volkes oder Strassengespräche oder karnevalistische Dialoge, wie z. B. jener der Zeza oder der Suocera e Nuora. Der Sammelpunkt der Bänkelsänger, Hanswurste, Sängerinnen, der Gaukler und Komiker ist der Largo del Castello (Schlossplatz). Auf den wandernden kleinen Holztheatern, auf den improvisierten Bühnen sah man komische Typen wie: Scatozza, Ciccio Sgarra und den so volkstümlichen Pulcinella, ein Jahrhundert alt bei Beginn des XVII. Jahrhunderts. Pulcinella Cetrulo erscheint im XVI. Jahrhundert;[64]) er selbst giebt seinen bürgerlichen Stand kund:

Se vuoi sapere chi songo, te lo diraggio: me chiamo Pulecenella, so de la Cerra (Acerra, ein Flecken bei Neapel). Patreme se chiammava Paparuzzo Squaquera, matrema havea nomme Schefonia Maramao; e sorema se fa dicere Ciulla Scarnecchia (Willst Du wissen, wer ich bin, so sage ich es Dir: ich heisse Pulecenella, bin aus Acerra. Mein Vater hiess P. S., meine Mutter S. M.; und meine Schwester heisst C. S.).

Mit ihm begrüssen unsere Partenope andere lockere Gesellen: Bello Sguardo, Pasquariello Truono und Capitan Quaquera, der Lateinisch kann. Er sagte: „Das Leben muss man heiter gestalten, denn: post mortem nulla voluptas". Kein Ort, keine Entfernung oder Zeit kann ihren Spott, ihr Strassen-Bonmot, ihre Schlauheit zügeln. So findet sich Pulcinella bei der Belagerung von Troja wie bei der von Jerusalem, er stellt eine Statue, einen Podestà, Baron, Zauberer, kurz alles vor, ja er findet sich sogar in jenem Zustand der Frauen, den man mit einem Euphemismus „stato interessante" nennt.

Seine älteste Geliebte oder Frau ist Lucretia oder Zeza. Treu ist er wenig, bald hat er es mit Rosina oder

Carmine, bald mit mehr Beständigkeit, aber weniger Glück mit Pimpa oder Pimpinella; seine letzte Eroberung ist Colombina. Die Gerechtigkeit will es, dass man Zeza als die Bevorzugte nennt, denn er kehrt oft zu ihr zurück, um sich mit dem Gesetz nicht ganz zu überwerfen. In den Volksdarstellungen lebt Pulcinella mit Zeza. Unter diesen ist die bekannteste: „Zeza oder lächerlicher Kontrast in der Person von D. Nicola Pacchesecche", [65]) Tolla (Victoria) Cetrola, Tochter Zezas und Pulcinella.

Wir sind im XVII. Jahrhundert. Die Scene ist eben im Hause von Pulcinella. Tolla hat mit D. Nicola, einem kalabresischen Abbate, einem anderen komischen Typus, einen Liebeshandel begonnen. Zeza empfängt, um die Tochter zu unterstützen, den Abbate auf liebenswürdige Weise, ohne dass Pulcinella hiervon weiss. Dieser, obwohl er mit vollem Munde behauptet: „l' onore è n' apprenzione" (Die Ehre ist eine Einbildung), fürchtet, dass die Nachbarschaft Uebles über seine Familie spreche wegen jenes Abbate, welcher immer seiner Tochter nachschleicht. Eines Tages geht Pulcinella aus und vergisst nicht, vorher Zeza die junge Tolla anzuempfehlen; er kehrt zurück, findet die Tochter im tête-à-tête mit D. Nicola und die Mutter als Wächterin. Dieser läuft um ein „Cacafuoco" (Gewehr) und schnaubt Rache. Pulcinella sieht, dass die Sache eine schlimme Wendung nimmt und fleht um Gnade:

> Pietà, misericordia,
> Io aggio pazziato.
> (Gnade, Barmherzigkeit! Ich habe nur gescherzt.)
> Tolla zu D. Nicola: Si tu me vuoje bene,
> Non m' accidere a tata.
> (Wenn du mich lieb hast, töte Papa nicht.)

D. Nicola, ritterlich, spricht in ṣeinem Dialekt:

> Lo perdono, pi tia,
> Ma iddu a mia t' à da donari.
> (Ich verzeihe ihm dir zu Liebe, aber er muss dich mir geben.)

Pulcinella lässt sich das nicht zweimal sagen und antwortet:

> Gnorsi songo contento,
> (Ja, mein Herr, ich bin's zufrieden)

und verabschiedet das Publikum:

> E tutti sti' signure
> Che state a sentire,
> A lo banchetto facimmo venire.
>
> (Und alle diese Herrschaften, die da zuhören, laden wir zum Fest-schmause ein.)

Es ist eine triviale Handlung, an welcher vier Personen teilnehmen. Ich gebe die Musik getreu wieder, indem ich nur den Bass hinzufüge. Die Kantilene ist in Neapel traditionell, in Benevent sehr populär. Sie wird so oft wiederholt, als die Dichtung Strophen hat, und kann daher ein Dialog-Gesang heissen.

19) *Pulecenella* (3. Strophe).
Tempo giusto.

Ze - za, vi ca mo es - co, sta at - tient' a sta fi-

(Zeza, ich gehe jetzt aus, gieb auf die Tochter Obacht, du als

glio - la tu che si mamme dàl - le bo - na sco - la tie-

Mutter gieb ihr gute Lehren, halte sie eingeschlossen, lasse sie nicht

ne - te - la nzer - ra - ta nu la fa prat - te - ca - re ca

mit dem verkehren; denn was sie noch nicht weiss, kann sie lernen.

Zeza.

chel-lo che non sà se pò mpa-ra - re. Non ce pen-sare a chesto etc.

Zeza: Denk' nicht daran etc.

Neapel verdankt vielleicht seinen grössten Ruhm der Musik, weil sie die erste unter allen Städten Italiens war, welche Musikschulen errichtete; trotzdem wird sie die letzte in Bezug als Pflanzstätte des Dramas. Die ersten Melodramen, welche bei uns aufgeführt wurden, waren von Komponisten der venezianisch-römischen Schule, und eines, Nerone, ovvero la incoronazione di Poppea vom berühmten Claudio Monteverde, i. J. 1651. [66])

Die älteste scenische Aufführung von neapolitaner Meistern, welche ziemlich an die Oper erinnert, ist die Festa teatrale (Theaterfest), in Scene gegangen am 1. März 1620, zur Feier der Genesung seiner katholischen Majestät, Philipps III. von Oesterreich. [67])

Wie in den übrigen Städten Italiens wurden auch bei uns die scenischen Aufführungen arrangiert und veranstaltet, um Hochzeiten und Geburten von Prinzen, Siege und andere glückliche Begebenheiten zu verherrlichen. Durch diese Tendenz war der Fortschritt der Kunst gehemmt, weil die Verfasser dieser Stücke, angestellte Personen, dem Geschmack (der nicht immer der beste war) und dem Willen der Herren folgten, welche das Fest veranstalteten.

In Venedig wurden die ersten öffentlichen Theater gebaut, und diese liberale Richtung wurde hauptsächlich von Monteverde gefördert. [68]) Unsere Stadt folgte später diesem Beispiele.

Napoli-Signorelli giebt zu erkennen, dass „die musikalische Bühne bei uns in den Konservatorien mit Ora-

torien und religiösen Opern begann, dann im Saale des
Vizekönigs, wo deren verschiedene gesungen wurden;
später entfaltete sie ihren Pomp im Theater S. Bartolommeo, welches gegen das Ende des XVI. Jahrhunderts
für Komödien errichtet und der Musik im XVII. Jahrhundert geweiht wurde". Porrino bemerkt mit mehr
Genauigkeit, dass der Vizekönig Junico Velez de Gue-
vara y Tassis, Graf von Oñatte, ein grosser Liebhaber
der scenischen Aufführungen, im Jahre 1652 die alte
Sitte der Komödien erneuerte und die Komödien in
Musik in der Stadt einführte. Wahrscheinlich liess
Oñatte, um die Aufführung der Opern in Musik zu erleichtern, eine Gesellschaft italienischer Komiker nach
Neapel kommen, welche mit ihrem arkadischen Namen
Febi Armonici hiess." [69])

Unter den dramatischen Komponisten der Mitte des
17. Jahrhunderts ist ausser Cirillo, welcher dem Leser
schon bekannt ist, noch Francesco Provenzale zu bemerken. Derselbe ist einer der ältesten Meister unserer
Musik-Konservatorien und lehrte Kontrapunkt in jenem
der Pietà de' Turchini. Eine Ueberlieferung nennt ihn
als Lehrer Scarlattis; sicher aber waren seine Schüler
Domenico Sarro von Trani und Nicola Fago, genannt
Tarantino von seiner Geburtsstadt. Unter seinen Zeitgenossen hatte er nicht nur den Ruf eines ausgezeich-
neten Meisters im religiösen Genre, sondern auch eines
genialen Komponisten dramatischer Musik, und er muss die
Volksgunst in hervorragendem Masse besessen haben. [70])

Bemerkenswert ist der Fortschritt von Cirillo zu
Provenzale; diesen halte ich für unsern besten melodramatischen Komponisten des 17. Jahrhunderts. Seine
Orchestration ist reich an „Movimenti", lebhafter musikalischer Zeichnung; sie sucht nach neuen Effekten und
wird für ihn ein notwendiges Element der melodramatischen Kunst. Wenn sein dramatischer Ausdruck nicht
immer gleich und hochstehend ist, wenn sich mitunter ein
Fehler einschleicht, (bei manchem davon trägt die Schuld

daran die Zeit, in der er lebte), so hat dafür seine Melodie keine vokalen Arabesken, und nicht selten setzte er Melodieen, welche Vorläufer des so rhythmisierten und energischen Gesanges zu sein scheinen, der eine Eigentümlichkeit der Komponisten der neapolitanischen Schule im 18. Jahrhundert ist.

Von einem seiner Melodramen, in einem Prolog und 3 Akten komponiert 1671, mit dem Titel „Lo schiavo della sua moglie" ((Der Sklave seiner Frau) gebe ich einige musikalische Beispiele. Das erste ist ein Fragment der Arie des Timante, wertvoll durch die Wiederkehr der Eingangsphrase, sehr affektvoll und geeignet, den Sinn des Wortes morirò (ich werde sterben) auszudrücken.

20) III.

Für unsern Zweck muss ich bemerken, dass eine der komischen Personen des Stückes ein Bauer mit Namen

Sciarra ist, welcher in seiner Muttersprache, im neapolitanischen Dialekt, singt. Von einer seiner Arien gebe
ich nur das instrumentierte Ritornell, welches genial ist
durch die Entwickelung eines melodischen Motives mit
kurzem Rhythmus, gleichsam eine Nachahmung zwischen
der ersten und zweiten Violine. Wie in vielen anderen
Arien ist auch in dieser angezeigt, dass nach dem zweiten
Teile der ganze erste Teil wiederholt werden muss. Es
ist dieses das später von Scarlatti vervollkommnete Da
Capo. Ich habe die Singstimme ausgelassen, denn die
Stimme, welche sich im Unisono mit dem Violoncell bewegt, verleiht der Komposition eine „partimentale“ Färbung (ähnlich wie in den Schulaufgaben); es fehlt ihr der
volkstümliche melodische Sinn, welcher für den Charakter
der Rolle notwendig ist

21) III. Akt, 5. Scene.

Nicht so verhält es sich mit einer anderen Kantilene
derselben Person, „Selva antica“. In dieser, und das ist
nicht das einzige Beispiel, ist der Rhythmus leicht und
graziös, der Canzona eigentümlich; wäre sie in Moll, so
würde sie an unsere Tarantella erinnern.

22) I. Akt, 18. Scene. (In due misure, tempo $^6/_8$.)

Sciarra: Ser-va an-tica ch'è qua-si sec-ca-ta che cchiù pas-co-le e

(Alter Wald, der gleichsam verdorrt ist, der keine Weiden und frun-ne non dà

Blätter mehr spendet.)

Eine komische Person, welche in Bezug auf die Musik besser gelungen ist, ist jene des Pagen Lucillo. Lebhaft und bestimmt ist seine Arie: „Zernibotti, che cercate"; ich gebe hiervon den Schluss.

23) I. Finale.

Lucillo: Ch'io m'attachia vecchia ohibò ohibò ch'io m'attachia vecchia ohi-

(Dass ich mich an eine Alte anhänge? Oho!)

bò   ohi-bò   ohi - bò   ohi-bò   ohi-bò ohi-bò.

Mit Provenzale schliesst die musikalische Epoche vor Scarlatti; sie zeigt ihren Nachfolgern ein bedeutendes Stück Weges. [71])

In den ersten Jahren des 18. Jahrhunderts sind Meister im komischen Genre: G. Veneziani, Antonio Orefice, Tommaso Mauro, Michele De Falco, Giuseppe De Maio, Gaetano Latilla und Nicola Pisano. Alle ihre Werke wurden im Theater do' Fiorentini aufgeführt, welches viele Jahre lang hauptsächlich die komische Oper pflegte, [72]) und wenn diese auch zum grossen Teile verloren gegangen sind, so ist doch eine Untersuchung derer von Vinci und Pergolesi für unseren Zweck mehr als genügend.

Für die Geschichte, und um ein künstlerisches Bindeglied herzustellen, ist es notwendig, daran zu erinnern,
dass all diese alten Meister ihre Bedeutung verloren, als
der berühmte Alessandro Scarlatti am künstlerischen Hori-
zont auftauchte. Er war ein ausgesprochenes und frucht-
bares Talent, veranlagt, gelehrt und genial, ausgleichend
und neues schaffend, und schrieb in allen Genres, denselben neue künstlerische Erfindungen verleihend. Um
seinen Wert zu besprechen, würde eine lange Mono-
graphie nicht genügen. Für jetzt wollen wir nur den
komischen Stil studieren. Der Prigionero fortunato,
Text vom Abbate T. M. Paglia, aufgeführt im Theater
Bartolommmeo im Dezember 1698 und 1699, ist ein tragikomisches Werk Scarlattis. [73])

In dieser Oper bildet der komische Teil kein Intermezzo, noch ist er zur Erheiterung des Parterres geschrieben, sondern mit dem Gang der Handlung wohl
verbunden. Die komische Person Namens Delbo wird in
der Partitur buffo genannt, und ist auch wirklich ein solcher Typus. Im 1. Akt, 5. Scene, giebt er den Knoten
der Handlung bekannt:

> . . . . . . la sorella del re lasciar la corte,
> Metter si li calzone e fuggir sola,
> Prender per me suo servo
> Clie mai non la conobbi,
> Entrar coi vincitori
> Nel paese nemico,
> Soggettarmi a servire,
> Sperare e non trovar felicità
> Dico la verità, mi fa stordire.

(Dass die Schwester des Königs den Hof verlässt, Hosen anzieht und
allein flieht, mich zu ihrem Diener nimmt, der ich sie nie kannte, mit
den Siegern ins Feindesland einzieht, mich zwingt, ihr zu dienen, —
zu hoffen und das Glück nicht zu finden: ich sage die Wahrheit, das
betäubt mich.)

Der zweite komische Charakter ist die alte Amme
Lucilla; sie wurde vom „virtuoso del Serenissimo di
Parma“, vom Tenor Antonio Predieri gespielt. Der

Typus der Alten ist ständig und gilt als notwendig bei
einem Melodram: Lucilla, zum Unterschied von den
übrigen, zeigt sich sittenrein, und thut in einer Art Siciliana zu wissen:

24) Lucilla (II. Akt, 3. Scene).

Fin che a - mor   nel cor non pro - vo.

Basso.

(So lange ich nicht Liebe im Herzen fühle

Fin che a-mor   nel cor non pro - vo   man - ter-

bewahre

rò   man - ter - rò   la ca - sti - tà

ich die Keuschheit.)

Delbo verliebt sich in sie, weil ihm die silbernen
Haare nicht missfallen. Die Scenen dieser 2 Personen
sind lang und wenig unterhaltlich.

Das Rezitativ, ein absolut dramatischer Teil der
Oper, bekommt von Scarlatti ausser der Vervollkommnung die Zeichnung und Farbe. [74]) Der römischen
Schule sehr zugethan, [75]) bedient er sich der klassischen
Kadenz des italienischen Rezitativs, welche genau zwischen dem Rezitativgesang und der Arie unterscheidet;
im ernsten Genre fügt dann die neapolitanische Schule
ein eigenes harmonisches Zeichen dafür hinzu. [76])

Nach meinem Dafürhalten ist die Kadenz ein Charakteristikum jedes bedeutenden Komponisten, und an einigen charakteristischen Zeichen derselben kann man erkennen, in welcher Kunstperiode er gelebt hat. So beendigen die Meister in der Anfangsperiode des Melodramas, oder, um es besser zu sagen, der neuen monodischen Kunst, stets die Phrase, den Rezitativ- und den rhythmisierten Gesang mit einer Kadenzformel, welche an die kirchlichen Intonationen erinnert, indem sie auf der zweiten Stufe stehen bleiben, bevor sie zur Tonika zurückkehren.

Ich führe hierfür zwei Beispiele an, das eine von Peri, den Gesang des Orpheus, wo ihm der Tod Euridices verkündet wird; das andere von Caccini, wo Euridice sich in den blumenreichen heiligen Hain begiebt und dort den Tod findet. Beide sind aus der bekannten Euridice von Rinuccini, welche gleichzeitig von den beiden genannten Meistern vertont wurde.

25) Euridice (Peri 1600).

Orfeo.

Non son non son lon-ta-no io vengo o ca-ra vi-ta ca-ra mor-te

(Ich bin nicht fern, ich komme, o süsses Leben, o süsser Tod.)

26) Euridice (Caccini).

Trar-rem   lie-te ca-ro - -

(Wir werden fröhliche Reigen und fröhliche Tänze aufführen.)

le e lie - - - - ti bal - li

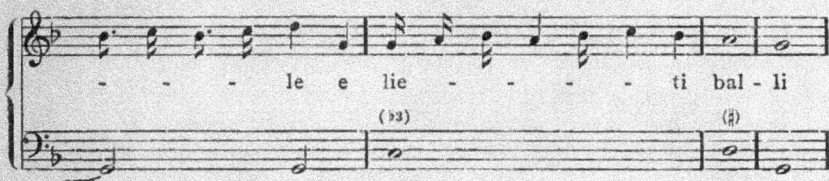

Im dreiaktigen Melodrama Erminia sul Giordano (Erminia am Jordan) des Violinisten Michelangelo Rossi, genannt Michelangelo del violino, weil er dieses Instrument ausgezeichnet spielte, beendet der Komponist das Rezitativ des Tankred im 2. Akt, nicht mit der Formel der alten Florentiner Meister, welche sich im ganzen Werke findet, ausgenommen das Beispiel, welches ich anführe, sondern mit der klassischen des italienischen Rezitatives. [77])

27) Rom 1625. (Die Partitur wurde zu Florenz auf Veranlassung des Pietro Cecconcelli gedruckt. Pariser Nationalbibliothek.)

Tancredi.

Ma, las - so!   io non la tro - vo

(Arme, ich finde sie nicht.)

Die Neapolitaner Meister vor Scarlatti, kennen sie nicht.

28) Orontea. F. Cirillo (1654).

Gelone.

Ah ah ah ah ah..... scop-pio dal ri - so

(Ha, ha! ich berste vor Lachen.)

29) Dialogo: Clori e Tirsi. Fr. Provengale (16..).

Clori.

No la fè mi pro-teg-ge.   Voi om-bre not etc.

(Nein, der Glaube schützt mich.)   (Ihr nächtlichen Schatten.)

Um die Wahrheit zu sagen: Cirillo stützt sich ebenfalls auf die zweite Stufe, entfernt sich aber bedeutend von der Florentiner Manier; Provenzale dagegen schiebt eine notina di gusto („Geschmacksnote") ein.

Carissimi komponirt in den Kantaten, einem monodischen Genre von Kammermusik, welches sehr beliebt war, die Formeln der Kadenzen mit grosser Sorgfalt; in jener mit dem Titel Maria Stuarda finde ich zwei Beispiele, welche einer Erinnerung würdig sind; das erste bedient sich ebenfalls der zweiten Stufe und scheint mir ausdrucksvoll und dramatisch durch den Septimensprung; das zweite erinnert an die italienische Kadenz durch die Unterbrechung der Stimme und den harmonischen Schluss.

30) (Britisches Museum, No. 1265.)

Rea sen-ten-za a Dio l'appel-la e mo-ro in-no-cen-te

(Falschen Urteilsspruch klage ich Gott)   (und ich sterbe unschuldig)

Scarlatti macht sich die italienische Kadenz zu eigen und verlässt sie nicht mehr. Diese dient von nun an ausschliesslich für das Rezitativ, sei es um die verschiedenen Einschnitte zu unterscheiden, sei es um abzuschliessen und es vollständig von der Arie zu trennen. [78])

31) Il Prigioniero fortunato.

Delbo.

Che ba - gat - tel - la non gli par di dir

(Welche Kleinigkeit! Er hält es für etwas

nien - te a li - be - rar Or - can - te eg - li non è le -

schwieriges, Orcante zu befreien. Der nicht gefesselt ist, und, glaube

ga - to ma - cre - di pu - re a me non è guar - da - to

mir nur, auch nicht bewacht wird.)

Delbo (I. Akt, 5. Scene).

Di - co la ve - ri tà mi fa stor - di - re

(Ich sage die Wahrheit, es betäubt mich . . .)

Aus den angeführten Beispielen ist leicht zu erkennen, dass das Rezitativ in einer besonderen Weise begleitet wird, nämlich: die Kadenz darf nicht gleichzeitig von der Begleitung und der Singstimme gemacht werden, sondern nach Beendigung der Kantilene, giebt man einen harmonischen Abschluss.

Zur Bestätigung hierfür führe ich ein für allemal ein Beispiel von Pergolesi an. Pergolesi begleitet zwar ebenfalls das Rezitativ mit einem Basso contiuno, aber in

korrekterer Schreibweise und setzt die Stimme einen
Taktteil aus, um den Akkord der fünften Stufe, der in
die Tonika fällt, unabhängig fortschreiten zu lassen. [79])

32) La Serva padrona (I. Intermezzo). Pergolesi 1733.
Umberto.

(Und ich habe Eile, auszugehen.)

Die klassische italienische Kadenz ist heute noch im
Gebrauch. Es kann dies auch nicht anders sein, denn
ein und dieselbe Sache erfindet man nicht zweimal; ist
sie einmal erfunden, so bleibt den andern nichts übrig,
als sie zu vervollkommnen. Wagner schliesst im Lohengrin das Rezitativ des Heerrufers: „Elsa, erscheine hier
zur Stell'!" mit der gewohnten Suspension der Singstimme, um es vom rhythmischen Gesange der 2. Scene
zu trennen.

33) Lohengrin (1. Scene).
Heerrufer.

El - sa, er - schei-ne hier zur Stell'.

In der Afrikanerin Meyerbeers findet sich diese Kadenz sehr oft:

34) Afrikanerin (Concerto finale 1º) (Paris, 1865).
D. Pedro.

Che il Con-sig-lio or dee de - li - be - rar.

(Der hohe Rat möge nun beschliessen.)

Es ist leicht, mittelst der Schreibweise Pergolesis welche von allen Komponisten angenommen wurde, die beiden Rezitativbeispiele Scarlattis zu modifizieren, und es ist auch notwendig, will man nicht im ersten bei non è guardato eine unschöne Kadenz haben, welche ihrem Zwecke nicht entspricht, und beim zweiten mi fa stordire einen Querstand zwischen Singstimme und Begleitung.

Um auf die Oper Scarlattis zurückzukommen, so ist die Arie des Delbo, 1. Akt, 5. Scene: „Se la donna è inna-morata" („wenn die Frau verliebt ist"), ein vollkommen lebhafter Ausdruck in Ton und Wort. Sie wiederholt mit Gluck die hervorstechendsten Unterbrechungen und um ihr einen grotesken Ausdruck zu verleihen, ahmt das Fagott die Singstimme in humoristischer Weise nach. Ich gebe sie ungekürzt, da sie typisch ist:[80])

(Wenn ein Frauenzimmer verliebt ist, ist sie eine entfesselte

è una fu-ria scate-nata   è una fu-ria scate-na-ta   è il de-

Furie, ist der Teufel, das weiss man schon!)

mo-nio   è il de-mo - - nio   e già si

sa   e già si se una donna in-na-mo-ra-ta è una furia scate-

na-ta scate-na-ta scate-na-ta è un demonio   e già si sa

Fine.

2ª parte.

Tut-to sta che s'in-na-mo - ra che s'in-na-mo - ra per-chè

(Darin liegt es, dass sie sich verliebt, weil sie gewöhnlich nur zum

fin-ge d'or-di-na-rio sol per sva-rio que-gli ardori che non

Zeitvertreib jene Gefühle heuchelt, die sie nicht besitzt.)

ha fin - ge fin - ge sol per sva - rio sol per

sva-rio que-gli ardori che non ha.

Da Capo al segno ⊕

Wie in allen Arien dieses Komponisten, so findet sich auch in der des Delbo das Da Capo, welches nach ihm das Scarlattische heisst, d. h. die Wiederholung des Hauptmotives, nach dem zweiten Teile, und fast über 60 Jahre lang wurden alle Arien nach diesem Typus modelliert. [81]) Das komische Duett fehlt ebenfalls nicht. Cirillo, zum Unterschiede von Cesti, komponiert es künstlerischer und mit grösserer Abwechslung: Scarlatti erhebt es nicht vollständig zum Ausdrucke des Lyrischen, obwohl er ihm eine ausgedehntere Form, lebhafteren und dialogischen Charakter giebt.

Eine sehr kokette Kantilene, welche an die Vespina Pergolesis erinnert, ist die Ariette Lidias im komischen Intermezzo des Cambise im 3. Akt, 16. Scene. [82]) Lidia, welche auf ihr reiches Kleid stolz ist, befiehlt dem Pagen, ihr den Spiegel der Kammerzofe, den „soffietto" (Fächer) und das Taschentuch zu bringen.

36) Cambise. Scarlatti (1718 u. 1719).

ren - za? im-pa - ra im-pa-ra e fa co-si co-

es machen,

si. Tu al - tra da il sof-

Du dort gieb den

fiet - to da bra - va il fazzolet - to. etc.

Fächer! Gut so! Das Taschentuch.)

Ich gebe den Schluss des zweiten Teiles der Arie, welche, wenn auch nur von ferne, an jene des Tibrino von Cirillo erinnert. [83])

37) (2er Teil der Arie Lidia's.)

Lidia:

Scu - si l'imper - ti - nen - za   ti   fac - ci ri - ve - ren - za   e

(Verzeihe die Unverschämtheit, ich mache dir mein Kompliment,

non   so   dir   e   non so dir di più   no

mehr weiss ich nicht zu sagen.)

no,   non so   dir   no   no   no   no   e   non   so   dir   di

più   no   e   non   so   dir   di   più.

Um unsere kurze Untersuchung des komischen Ausdruckes Scarlattis zu beschliessen, gebe ich noch ein
Bruchstück des Duettes zwischen Lidia und Sergio, in
derselben Oper, welches eines der besten ist.

38) Finale 1º.

(Sergio: Fräulein Lidia.   *Lidia:* Sprich, was willst du?

Sergio: Deine Liebe . . .)

Scarlatti verlässt das alte Ritornell der Canzone, der
ursprünglichen melodischen Form, überflügelt seine Vorgänger; indem er Text und Gesang gut verbindet und die
Kadenzen der Psalmodie, die schwachen und farblosen

Zeichnungen vermeidet, stellt er den Typus der komischen
und der heiteren Arie fest und betrachtet das Orchester
als unzweifelhaft dramatischen Faktor. [84])

Seine Schüler: Nicola Fago, [85]) Gaetano Greco,
Franc. Durante (der grösste von allen) und Ignazio
Gallo, waren vorzüglich Kontrapunktisten und Kirchen-
komponisten. Francesco Mancini und Carmine Giordano
schrieben komische Intermezzi, ihre Musik weist jedoch
nichts Bemerkenswertes auf. Ich führe nur zur Geschichte des scenischen Duettes ein Fragment von jenem
zwischen Rosetta und Masorco an aus dem Finale des
1. Aktes der Oper La vittoria dell' amor coniugale von
Giordano, aufgeführt am 15. Dezember 1712 im Theater
S. Bartolomeo. [86])

(*Rosetta:* Wohin läufst du, was hast du, zweifle nicht.)

(*Masorco:* O du verfluchte Hexe, du willst mich wütend machen.)

Der junge Komponist überflügelt in diesem Stücke seine Zeitgenossen und weist durch den Anfang der Melodie sowie durch den Ausdruck bereits auf Pergolesi hin.

Der unmittelbare Vorgänger Pergolesis ist Leonardo Vinci. Saverio Mattei bemerkt in seiner Lobrede auf Jomelli, wo er auf Pergolesi zu sprechen kommt, dass die historische Genauigkeit Leonardo Vinci den Vorrang als erstem Reformator des Geschmackes einräumen müsse, welcher in der Didone, im Artaserse, und im Catone Pergolesi vorhergeht. Dies gilt für die ernste Oper, für die komische im Dialekt haben wir seine Zite'n galera [87]) (Das Mädchen auf der Galeere); die älteste noch vorhandene wurde 10 Jahre vor jener des Pergolesi komponiert: La frate innamorato.

Vinci hat, im Gegenteil zu vielen anderen Künstlern, einen weniger bedeutenden Namen, als er wirklich verdient.

Geboren zu Strongoli in Calabrien, 1690, ins Konservatorium „dei Poveri di G. C." [88]) aufgenommen, hatte er Gaetano Greco zum Lehrer und Pergolesi zum Mitschüler, welcher ihn in der melodramatischen Komposition überflügeln sollte; er starb 42 Jahre alt, während ihm eine glänzende Zukunft lächelte; sein letztes Werk,

Artaserse, wurde im Theater S. Bartolommeo 1733, nach seinem Tode, aufgeführt.

Der Anlass hierzu war ein tragisches Ereignis, ob es nun geschichtlich oder legendär ist.

Um eine römische Dame zu vergessen, welche von ihm zärtlich geliebt wurde, nimmt er 1728 das Ordenskleid in der Congrega del Rosario (Rosenkranzbruderschait) im Kloster S. Maria a Formiello in Neapel. Daselbst schreibt er 2 Oratorien: „La protezione del Rosario" (Der Schutz des Rosenkranzes), aufgeführt 1729 und „La Vergine addolorata" (Die schmerzhafte Jungfrau), 1731. Er erreicht den ersehnten Zweck nicht, denn er kann jene Dame nicht bloss nicht vergessen, sondern empfindet sogar Freude bei der Erinnerung, dass sie seine Liebe erwiderte. Ein Verwandter von ihr, welcher sich zu jener Zeit in Neapel befand, über die freie Sprache des Maestro erzürnt, rächt sich an ihm, indem er ihn durch eine Tasse Kaffee vergiften lässt. Die Unthat wurde geheim gehalten, indem man vorgab, Vinci sei eines plötzlichen Todes gestorben.

Der Calabrese war kein grosser Heiliger; unruhigen Geistes, genial und liebenswürdig von Person, [89]) war er dazu geschaffen, das Leben zu geniessen und zeigt sich nicht selten im Kampfe mit entgegengesetzten Gefühlen. Sein Ruf als tüchtiger Komponist beginnt mit der komischen Oper im Dialekt. Seine ersten Werke waren: Lo cecato fauzo (Der falsche Blinde) und Le doje lettere (Die zwei Briefe), aufgeführt 1719, welche leider verloren gegangen sind. Bei seiner Bevorzugung des neuen Genres fand er sich viel in Berührung mit dem neuen Aufblühen des echten neapolitanischen heiteren und sorglosen Volksgesanges. Unter den Vertretern dieses Genres bemerke ich: Gis. Corrado, Gae. Botoniello und den beliebten De Falco, unter den Primadonnen, welche gleichfalls beliebt waren: Mad. Conti, Teres. Sellitto und Rosa Cirillo.

Der „aggraziato picciottolo" (Der hübsche junge Mann). Vinci schrieb für diese Komikergesellschaft neun Opern im Dialekt. [90]) Von tüchtiger Veranlagung, leichtem und raschfassendem Geiste, zeigt er sich nicht als ein Komponist, für den die Kunst ein Mechanismus, eine vervollkommnete Technik ist, sondern als einer, der weiss, wie man die verschiedenen Seelenzustände des Menschen ausdrücken kann und soll. Die Arie des Cleofide: „Se il ciel mi divide dal caro mio sposo" (Wenn der Himmel mich von meinem geliebten Gatten trennt), im Alessandro nelle Indie (1729) hat einen so lebhaften und menschlichen Ausdruck, dass er zur Evidenz beweist, dass das ernste Kloster nicht im Stande war, in ihm die Erinnerung an eine romantische Liebe abzuschwächen.

Er war der Nachfolger von sehr mittelmässigen Meistern im komischen Genre, z. B. von Orefice, Mauro und De Falco, und man kann nicht sagen, ob er aus ihrer Kompositionsweise profitiert habe, da ihre Werke verloren gegangen sind. [91])

Vinci kam in der Scarlattischen Periode zur Welt, das ist unzweifelhaft; man darf daher annehmen, dass seine ersten Jugendwerke, welche nicht auf uns gekommen sind, sich in dieser Sphäre bewegen. In der Zite 'n galera, seinem vierten Bühnenwerke, hat aber Vinci bereits eine selbständige Physiognomie, wie wir sehen werden.

Der Stoff der Handlung ist: ein verführtes Mädchen, welches seinem Verführer in Männerkleidung folgt. Carlo Gelmino wird der Liebe Belmonas überdrüssig und verlässt sie. Um dem Zorn des Vaters, einem Galeerenkapitän, zu entgehen, sucht er sich zuerst in Neapel, dann in Vietri zu verbergen. In dieser Stadt verbirgt er sich bei Ciomma Palummo, diese jedoch weist ihn zurück, weil sie in Peppariello verliebt ist. Peppariello ist aber nie-

mand anders als Belluccia, die von Carlo nicht erkannt
wird, teils wegen der verflossenen Jahre, teils wegen ihrer
Männerkleidung. In Ciomma sind übrigens noch andere
verliebt, nämlich Titta Castagna, der Sohn Menecas und
der Barbier Colangelo. Ciomma weiss von der Liebe
Colangelos zu ihr nichts, und bittet ihn, Peppariello von
seinem Entschlusse abzubringen. Colangelo verspricht
geduldig, mit dem falschen Peppariello zu sprechen, indem er hofft, dass Ciomma seine Gegenliebe finde,
Peppariello, von Colangelo befragt, antwortet listig:

> So sciore
> Senz' addore,
> Arvolo sicco, asciutto
> E Ciomma vò no frutto,
> Che io non le pozzo dà.

> (Ich bin eine Blume,
> Ohne Duft,
> Ein dürrer saftloser Baum,
> Und Ciomma will eine Frucht,
> Welche ich ihr nicht geben kann.)

In einem fortwährenden Durcheinander von Personen, in einer Reihenfolge von zweideutigen und komischen, hie und da auch sentimentalen Scenen, wird die
hässliche Alte, die Wittwe Meneca Vernillo geschildert
und von De Falco dargestellt. Da sie in Peppariello verliebt ist, so wird sie durch die Liebespein missmutig und
unzufrieden. In den scenischen Finalen zu mehreren
Personen im ersten und zweiten Akte, macht sie bald aus
diesem, bald aus jenem Grunde Streit und schimpft. Die
Zielscheibe ihrer Lästerzunge ist Colangelo, welcher als
Entgegnung das Ritornell singt:

> „Vecchia, vecchia, mascarone"
> (Alte, alte Larve!)

Die verwickelte Handlung schliesst mit der Ankunft
des Vater Belluccias, des Kapitäns Federico Mariano, des
einzigen, der italienisch spricht. Der Kapitän will an-

fangs sowohl die Tochter als ihren Verführer Carlo züch-
tigen; aber auf die inständigen Bitten aller hin verzeiht
er. Belluccia, welche sich wieder in ein Mädchen verwandelt hat, ist froh, nach so vielen Abenteuern zu glei-
cher Zeit ihren Vater und den geliebten Carlo wieder-
zufinden.

Saddomeno, der Dichter des Stückes, ist vielleicht
der Erste, welcher das romantische Element in die komische Oper einführt. Das erinnert mich im umgekehr-
ten Sinne an die melodramatischen Dichter nach Rinuccini, welche das ernste Schauspiel mit komischen Scenen
versetzten. Die eine Neuerung ist so viel wert als die
andere. Ich werde immer mehr in dem Glauben bestärkt,
dass man schon vom Beginn der Oper an die Notwendigkeit fühlte, das Leben auch auf der Bühne so zu geben,
wie es ist, ganz aus Gegensätzen zusammengesetzt. [92])

Mir scheint, dass es sich in der zukünftigen melodramatischen Kunst weder um die ernste, noch um die
komische Oper mehr handeln wird. Frei von aller Con-
vention, ohne den Vorsatz, dieser oder jener Schule zu
folgen, der veristischen oder der romantischen, der edlen
oder volkstümlichen, wird im Melodrama eine scenische
Handlung entwickelt werden, welche beide Genres vereint. Der Meister des Dramas, Shakespeare, hat es schon
lange gezeigt! Gerade in der Zeit Metastasios entwickelt
sich rasch die komische Oper und zeigt ihr gefälliges
Lächeln, wo, in politischer Hinsicht, wenig zu lachen war.
War dies eine sittliche Notwendigkeit oder eine künstlerische? . . .

Nachdem sich das Drama auf eine Folge von Arien
beschränkt hatte, um die übertriebenen Launen der Musiker und Sängerinnen zu befriedigen, wurde es zur
Hauptaufgabe des dramatischen Dichters, sich als guter
Oekonom bei der Verteilung von wenigstens zwei Arien
für jede Rolle zu zeigen, und für die Hauptrollen immer
noch eine zuzugeben, auch wenn es dem Gange der Handlung nicht entsprach. [93])

Die grosse Thätigkeit, Lebhaftigkeit und Bewegung unerer Schule, frei in ihrem Fühlen, galt dem Ausdrucke des Komischen. Und die Schule war populär und typisch, weil sie das Fühlen des Volkes zur Kunstform erhoben, welches nicht mehr „vulgär" ist, wenn es einen ästhetischen Zweck hat. [94]) Vulgär ist das Unvollkommene und Charakteristische in der menschlichen Natur, welches sich im Gedanken, in der Sprechweise, in Handlungen und Gebräuchen bethätigt.

Eine Arie wird nie beim Publikum beliebt, wenn sie nicht das Vulgäre (Volkstümliche) belebt und verschönert. Wenn dieses fehlt, haben wir entweder scholastische Kälte oder erhabene Langweile. [95])

Vinci nimmt seine Anregungen aus dem Volke, wo er das Volksleben wiedergeben will.

Ciccariello, der von einer Dame dargestellt wird, ist ein spöttischer Junge, der im Laden des Barbiers Colangelo als Lehrling angestellt ist; er singt im 1. Akt, 1. Scene, während er auskehrt, ein Lied, welches ein wichtiges Beispiel von unserem heimischen Volksgesang ist, nämlich von dem canto a figliola, wie man ihn heutzutage nennt:

40) I. Akt, 1. Scene.

Vor - ri - a de-ven - ta - re so - re-cil-lo___

I. Viol. col basso.

(Ich möchte ein Mäuschen werden, um dem Fräulein Anella

pe mmet-te - re pa - u - ra a la siä Anella a la siä A-

Angst zu machen.)

Dieses Lied ist, wie auch früher das Beispiel von Zarlino im Modus der kleinen Sekunde, in der Tonart A, welche die Griechen den „dorischen Modus" nennen. Für die Kunst des Kadenzierens ist sowohl der Modus der grossen oder kleinen Terz als jener der kleinen Sekunde ein grundlegendes Element wegen des verschiedenen Fortschreitens der Melodie, welche die Intervalle von der dritten zur ersten Stufe aufweisen.

Im Ritornello der Arie Ciccariellos, 1. Akt, 9. Scene,
ganz dreistimmig, zieht er ebenfalls die kleine Sekunde
der grossen vor. Zu bemerken ist auch, dass im ersten
und zweiten Takt das ausgehaltene C der Viola die Harmonie anmutig und ungewöhnlich macht; wir haben da
ein Intervall der übermässigen Quinte in den Stimmen
und ausserdem die kleine Non in der 1. Violine, welche
sich nach abwärts in den Leitton (grosse Septime) der
Tonart auflöst und von der Sext begleitet ist.

42)   I. Akt, 9. Scene.

Genial und typisch ist die melodische Bewegung einer
anderen Arie derselben Rolle. Nachdem Ciccariello seinen
Herrn Colangelo zum Narren gehalten hat, behauptet er,
um einer tüchtigen Tracht Prügel zu entgehen, krank zu
sein und das Fieber zu haben.

43) II. Akt, 4. Scene.

Cicariello: Si ma-sto mio non me vat - ti - te tec - cà ve-

(Ja, Meister, schlagt mich nicht, rührt mich an, seht, dass ich

di - te tec - cà ve - di - te ch'ag-gio la fre - va

das Fieber habe.)

Der Charakter der alten Meneca, musikalisch gesprochen, hat einen Ausdruck von natürlicher und gefälliger
Komik. Ich gebe ein Fragment ihrer Arie im 2. Akt,
7. Scene. Der witzige Text der Kadenz des Rezitatives
lautet auf deutsch ungefähr wie folgt: Wenn sie (die
Männer) schon uns betrügen, die wir hübsch sind, was
sollen dann erst die Hässlichen hoffen? ... Das Rezitativ schliesst, ausnahmsweise, gleichzeitig mit der Begleitung, es bedient sich nicht der klassischen italienischen
Kadenz, welche den Rezitativgesang von dem rhythmischen trennt.

44) II. Akt, 7. Scene.

Moneca: Si fan - no che-sto a u - je che sim-mo bel - le,   con-

si - de - ra   con - si - de - ra mo a chel - le che sò brut - te

Die folgende Arie, ein Presto, charakteristisch durch die rhythmische Zeichnung, durch den abgebrochenen Accent, durch auffallende Wiederholung der Intervalle, ahmt wahrheitsgetreu die Sprechweise einer bissigen und zahnlosen Alten nach.

45) *Presto.*

Viole.

Ne-gre chelle che stanno sog - gette   a Mi - lor-de stu-

Violonc.   Violone e Violonc.

(Wehe denen, welche einem Herrn Studenten oder Advokaten

dien-te par-gli - et-te   vuò cor-ri - ve vuò ganne ad - de-rit-to

untergeben sind, nur Verdriesslichkeiten und Betrug können sie erwarten.)

che - sto schitto une ponne spe - rà Mi - lor - de stu - dien - te pag-

liet - te nagan - ne ad - derit-to une pon - ne spe - rà

In der Orchestration ist Verschiedenheit der Klangfarbe zu bemerken, die Kontrabässe schweigen bei den
Pianostellen. Das ist unleugbar ein mechanisches Mittel,
allein es zeigt, dass der Autor auf das Orchester ziem-
lichen Wert und Bedeutung legt.

Das Ritornell der Arie des Capitano, ein lebhaftes
und geniales Stück, verbindet mit den Streichinstrumenten zwei Oboen und zwei Trompeten. Diese musikalische
Zusammenstellung, welche uns etwas sonderbar erscheint, ist jener Zeit entsprechend. [96])

46) III. Akt, 6. Scene.

Allegro assai.

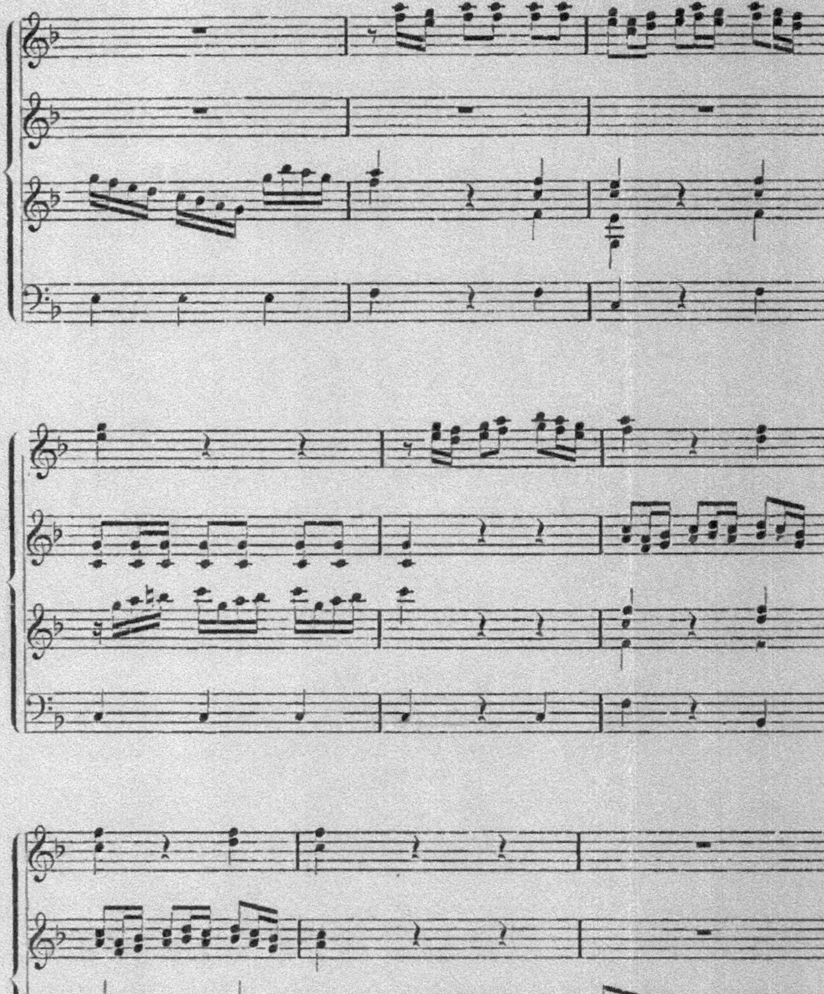

Da die Trompeten wie die Waldhörner keine Maschinen und Cylinder hatten, so konnten nur die Töne wiedergegeben werden, welche zur harmonischen Progression gehörten, die Naturtöne, welche genau den Tönen entsprechen, die wir erhalten, wenn wir das Monochord in Bruchteile zerlegen. Nehmen wir an, der Grundton sei C, so haben wir die folgende Tonreihe: [97])

Die beiden letzten Töne können von den modernen Bläsern nicht mehr hervorgebracht werden, und den 7. harmonischen, den 11., den 13. und 14. geben unsere geschriebenen Noten nicht genau wieder. Mit Vorliebe betrachteten die alten Meister den 7. harmonischen und den 11. als B, allerdings ein wenig tiefer, resp. als F, jedoch etwas höher. Die Trompeten Vincis sind in F. Der Bläser suchte sich, ohne jede Anmerkung, das Instrument in dem Ton, in welchem die Komposition geschrieben war, weil er gezwungen war, sich der Naturtöne zu bedienen. Das Beispiel Vincis müsste wie folgt umschrieben werden, wenn man sich die harmonische Progression vergegenwärtigt und den 11. harmonischen Ton als F annimmt. [98])

6*

48) Trombe in *F.*   (11. harm.)

etc.

Ein Beispiel von einer Arie voll Leidenschaft und Gefühl, und von volkstümlichem Charakter ist jene der Ciomma: Die verliebte Ciomma bittet Colangelo, Peppariello ihre Liebespein mitzuteilen.

49) I. Akt, 1. Scene.
(Violini all' unisono col canto.)
Andante.

Va, dil - le chè so sgra-to   no!   no no le diacccos-

(Geh, sage ihm, er ist ein Undankbarer! Nein sage es ihm

sì!   sa comme le vuò   dì   nem'à dit - to Ciomma - tel - la ca

nicht! Weisst du, wie du sagen sollst: Ciomatella hat mir gesagt,

Viol. e Viole.

tu lo faie   rì tu la faie mori.   etc.

du bringst sie unter die Erde.)   *Tutti.*

Vinci bestrebt sich, in der Melodie die unentschlossene und widerstreitende Gemütsverfassung Ciommas wiederzugeben, welche gleichzeitig Vorwürfe macht und bittet, liebt und hasst, indem er Pausen und unterbrochene Melodien anwendet.

Untersuchen wir kurz die mehrstimmigen Sätze. Die Oper hat zwei Finale zu mehreren Personen, ein Terzett und zwei Duette. Das erste Finale hat 5 Personen: Ciomma und Ciccariello: Sopran; Meneca und Colangelo: Tenor und den Bass Rapisto; das zweite ist vierstimmig: Ciccariello, Meneca, Colangelo und Rapisto. Das Terzett zwischen Ciomma, Carlo und Peppariello 3 Sopranen, ist nicht zu verachten, aber Pergolesi wird uns hiervon ein besseres Beispiel in „Lo frate innamorato" liefern.

Auf die Duette verwendet der Autor eine besondere Sorgfalt. Jenes zwischen dem falschen Peppariello, oder vielmehr Belluccia und Carlo hat ernsten und sentimentalen Charakter, in Dialogform, aber mit Vereinigung der Stimmen in den Kadenzen mit Da Capo. Carlo, welcher in Peppariello die verratene Belluccia nicht erkennt, spricht ihr von seinen Liebesqualen und beklagt sich, dass Ciomma von ihm nichts wissen wolle. Belluccia oder Peppariello, gleichfalls in Carlo verliebt, wird durch sein Leid fast gerührt. Wenn es unserer Aufgabe entsprechen würde, sei es wegen der melodischen Entwicklung, des ganz unserem Fühlen angemessenen Ausdruckes oder wegen der Führung des Basses, welcher beinahe eine Melodie für sich bildet, charakteristisch für die neapolitanische Schule, so würde ich das Duett ganz wiedergeben. Für die Geschichte und um noch mehr zu zeigen, dass Vinci der Vorläufer Pergolesis ist, gebe ich den Anfang.

49a) III. Akt, 5. Scene.

Carlo: Che buò spe-ra-re.   Bell: Spe-ra ch'am-mo-re

(Carlo: Was willst du hoffen?   Bell: Hoffe, dass die Liebe dich

mò   da st'af-fan-ne   te   le-var-ra

von diesem Leiden erlöst.)

Eine richtige Hanswurstiade ist das andere Duett zwischen Ciccariello und Rapisto. Der Spassvogel Ciccariello, als Frau verkleidet (und in diesem Falle ist das für ihn das richtige Kostüm, denn er wird von einer Frau dargestellt) singt:

Na femmena è cchiù bella
quann' è friccicarella . . .

Das heisst: „ein Frauenzimmer ist hübscher, wenn sie lebhaft und geistreich ist". Ciomma, welche, wie man in der Theatersprache sagen würde, den „pertichino" (Vermittler) zwischen den Beiden spielt, fordert Ciccariello und Rapisto auf, eine Liebesscene darzustellen. Das Duett hat kein Da Capo und besteht aus zwei Teilen.

Ich führe das Solo Ciccariellos, eine charakteristische Melodie, an. Es ist dreistimmig instrumentiert, mit der Viola, welche den Bass bildet, und ist von gefälliger Wirkung, so dass es an die Kunst Cimarosas erinnert.

Rapisto wiederholt die Kantilene in der Quint. Darauf folgt ein Sprechgesang, ausschliesslich auf dem Worte Carillo („mein Schatz") mit einem Anstrich von Parodie, und schliesst mit einer Kadenz.

50) III. Akt, 9. Scene.

Cicc.: Co-re mi - o   sto bel-lo na-

Rap: à paz - zi - à pazzià   gio-ia mi - a

macht mich verrückt.)

sil-lo   ca-ril-lo   ca-ril-lo   stò   bel-lo na-

stà bel-la fac-cel-la   ca-rel-la   ca-rel-la sta bel-la fac-

sil-lo me fa paz-zi - à.

Ciomma lacht bei der heiteren Scene und, noch nicht ganz zufrieden, verlangt sie, dass auf diese Liebesscene eine solche der Wut folge. Ciccariello lässt sich das nicht zweimal sagen und in einem Presto schimpft und misshandelt er zum Scherze Rapisto, welcher sich immer verliebter in ihn zeigt.

51) **Die Violinen unisono mit der Singstimme.**

Laz-za - ro - ne bric-co - ne pez-zen - te pez-zen - te strac-

(Lazzarone, Spitzbube, Lump, zerrissener, stinkender Kerl,

cio - ne strac - cio - ne fe - ten - te vat - ten - ne da ccà

geh' fort von hier.)

Das Stück erinnert, wegen seiner zweiteiligen Form, unterbrochen von einem Rezitativ, an jenes von Cirillo, welcher stottert, in Liedform, wogegen jenes des Vinci sehr zungenfertig ist.

Das Finale hat ganz den Charakter des Dialoges und der Gegenrede immer in Dialogform; um der scenischen Wahrheit willen fehlt das Da Capo; es ist fliessend und beim Kadenzieren vereinigen sich die Stimmen. Uns Modernen wird das folgende kurze Bruchstück dem 1. Akte unbedeutend erscheinen; für die Geschichte dagegen hat es bedeutenden Wert; es sind die ersten Ansätze der Concertati, welche von Hand zu Hand, durch grosse Künstler, zur höchsten Ausbildung gelangen.

52) Finale des 1. Aktes.

(*Ciomma:* Komm herein, Tante.)
(*Meneca:* Schau, welch ein betrügerischer Lump.)
(*Colangelo:* Spitzbube, ich will dirs austreiben.)
(*Rapisto:* Mein Antlitz.)

glione laz-za-ro laz-za-ro mbro-glio-ne laz-za-ro

ne mar-ro-ne mar-ro-ne mar-ro-ne

fac-cia mi-

Tra se

zi-a Tra se zi-a tra se zi-a

te ne voglio fa penti - te ne vo-glio fa penti

vecchia

Angesichts der Einfachheit, der geringen Klangwir-
kung und Verschiedenartigkeit der Begleitung, welche
im allgemeinen nur die Stimme begleitet und sie verstärkt, ferner des geringen Umfanges der Theater, in
welchen diese Werke aufgeführt wurden, darf man wohl
annehmen, dass die Aufführungen, was die Künstler betrifft,
welche populär waren, geschickt und natürlich, ohne
grossen Stimmenaufwand waren. Da man mit dem neapolitanischen Dialekt, der so reich an Bildern und verschiedenartigen Bedeutungen ist, einen lebhaften Rhythmus, die charakteristische Maske und Geste verband, so
mussten dabei sicher gesunde Komik und grosser Erfolg
erzielt werden. [99])

G. B. Pergolesi's Name hat in der Kunst einen guten
Klang, besonders aber bei den Neapolitanern. Unter den
alten Meistern ist er der populärste, weil er unserem
lyrischen Affekt am meisten entspricht und zu ihm in Beziehung steht.

Seine Musik ist leidenschaftlich in Rhythmus und Gesang. Nach dem hübschen Ausspruche Grétrys: „Pergolesi wurde geboren und die Wahrheit wurde erkannt", ist
die Wahrheit der Deklamation, welche seine Gesänge
charakterisiert, unzerstörbar wie die Natur. Darin über-
trifft und meistert er Vinci, dem er nicht wenig verdankt, namentlich in der komischen Oper. Wenn wir
aber auch manches von Vinci bei Pergolesi finden,
so müssen wir doch stets sagen: Das ist er selbst und
nicht ein anderer. Es ist dies ein Missgeschick der
Genies, welches wir auch bei Rafael finden. Er hat sich
zu jener Höhe, die alle kennen, emporgeschwungen, indem er die Pfade anderer Meister wandelte. Und wenn
auch viele an der Klippe des Plagiats scheitern, der um-
brische Meister geht als Eroberer daraus hervor. [100])

Die Veranlagung unseres Meisters, der zum Unterschiede von Scarlatti ein ausgezeichneter Musizist war,
ist vollkommen lyrisch-elegisch. Als subjektiver Künstler wie Tasso, Leopardi, Bellini, legt er seine Seele in

das Kunstwerk. Man darf nicht glauben, dass sein Ausdruck des Komischen die ausgelassene und fröhliche Stimmung des Duettes zwischen Ciccariello und Rapisto, der Arie der alten Meneca habe; das leichte Lächeln Pergolesis hat stets einen nur zu geistigen Inhalt. Man macht ihm den Vorwurf, dass sich in dem Stabat manches aus der Serva padrona finde. Das ist wirklich wahr; aber dadurch verliert ersteres nicht an Würde, sondern letztere wird um so höherstehend.

Wie bei allen hervorragenden Meistern, so erhebt sich auch bei ihm seine Melodie in der Form einer Spirale, deren Grösse nicht unbequem wird. Pergolesi verdankt Scarlatti die Form, den Raum, in dem sie sich bewegt, wie Bellini das später an Rossini wiederholt. Die Analyse ihrer Melodien macht uns wenig zu schaffen; die Materie ist für den anatomischen Meissel des Kritikers nicht ausreichend. Ihr Geheimnis ist folgendes: äusserste Präzision des Rhythmus, welche sich auch in den langsamsten Bewegungen bemerkbar macht und welche bewirkt, dass der Gesang stets leicht und lebhaft ist. [101])

Geboren zu Jesi in der Romagna am 4. Januar 1710, befindet er sich mit 16 Jahren im Konservatorium der Poveri di G. C.; seine Lehrer waren G. Greco, F. Durante und F. Leo; er starb an einem leichten Unwohlsein mit 26 Jahren zu Pozzuoli bei Neapel am 16. März 1736. Wenn uns der Grund seines Todes nicht bekannt wäre, so könnte man ihn fast aus vielen Harmonien des Stabat, des Salve Regina und der Olimpiade vermuten. Eine Legende, die entstand, man weiss nicht wie, schildert ihn als Liebhaber, dessen Liebe aufs innigste von einem Mädchen aus vornehmer Familie Namens Maria Spinelli erwidert wurde. Da sie nicht die Seine werden konnte, nahm sie den Schleier und starb, während Pergolesi am 11. Mai 1735 in der Kirche S. Chiara das Requiem dirigierte.

Manche vermuten, jugendliche Ausschweifungen seien der Grund seines frühen Todes gewesen. [102]) Wer anders könnte dies bestätigen, als sein Beichtvater? Die grossen Widerwärtigkeiten, welche er in seinem kurzen Künstlerleben zu erdulden hatte, ertöteten ihm das des Körpers. Die Olimpiade, nach der Bemerkung eines englischen Kritikers, der sich unter dem Pseudonym Vernon Lee verbirgt, die Olimpiade, sage ich, bezeichnete eine neue Aera für die Kunstwelt, sie wurde vom Publikum des Teatro Argentina in Rom 1735 wütend ausgepfiffen, ja dem Autor wurde eine Orange ins Gesicht geworfen. Das Herz möchte einem brechen, wenn man sieht, dass ein Kind, ein schwacher, kränklicher, gebeugter Mensch verletzt wird. Und Pergolesi war furchtsam wie ein Kind, schwächlich wie ein Lungensüchtiger. Ein Rossini hätte sich selbst applaudiert und die Worte seiner Lieblingsperson wiederholt: „Io son, qual fui, Gugliemo Tell ancora" (Ich bin auch jetzt noch, der ich war, Wilhelm Tell). Anders Pergolesi! Die Natur hatte ihn stiefmütterlich behandelt. Ihm blieb kein anderer Trost, als sich in das hl. Haus von Loreto zurückzuziehen. Daselbst beginnt er sein Stabat mater zu komponieren, wozu er den Auftrag von der Bruderschaft S. Luigi di Palazzo in Neapel erhalten hatte. Als Honorar bekam er im Vorhinein 10 Dukaten, gleich 42 Francs 50 Centimes. — Bei der Komposition dieser musikalischen Klage träumte er den Frieden des Jenseits. Obwohl seine kurze Künstlerlaufbahn keine glückliche war, so liest man doch in einigen alten Papieren des Theaters S. Carlo aus dem Jahre 1738 am Rande seiner Intermezzi: „Dieser Autor ist tot, aber er war ein grosser Mann". Besser spät, als gar nicht!

Der Frate innamorato von G. A. Federico, komische Oper in 3 Akten, wurde zum ersten Male auf der Bühne des Theaters de' Fiorentini 1732 aufgeführt. [103]) Auf derselben Bühne wurde er im Fasching 1734 wiederholt, dabei aber, den Künstlern zuliebe, einige Arien geändert;

dieselben wurden im gedruckten Libretto mit einem Asteriskus bezeichnet. [104])

Pietro Napoli-Signorelli bemerkt in seinem bekannten und öfters zitierten Buche, dass der Dichter Federico dem System Palmas folgte und den ernsten Personen in der Melokomödie einen zu heroischen Charakter verlieh; ferner, dass dieser Missbrauch von Federico an in den kleinen Theatern sich steigerte und fügt hinzu: Der noble Ton, dessen sich der Dichter bedient, versetzt die Phantasie des Komponisten in den heroischen Gesang des Theaters S. Carlo und füllt die Arien mit Trillern, Läufen und Gruppetten an . . . All dieses führt den Zuhörer in eine phantastische Welt, ferne von der komischen Wahrscheinlichkeit. [105])

In Wahrheit ist im Textbuche des Federico dieser heroische Ton nicht vorhanden, sondern nur eine etwas gesuchte Sentimentalität; in der Musik Pergolesis, wie in jener des Vinci, finden sich, mit wenigen Ausnahmen, weder Triller noch Läufe, um einem Virtuosen Gelegenheit zu geben, seine elegante Stimmtechnik zu zeigen. Die Oper Pergolesis hatte einen freundlichen Erfolg. Napoli-Signorelli, welcher die Serva padrona nicht erwähnt, nennt den „Frate innamorato" als über jedes Lob erhaben. Sie wurde öfters wiederholt, solange, bis die komische Oper ausartete. Der genannte Autor erwähnt unter seinen unnachahmlichen Stücken das Quintett des 2. Aktes: „facite chiano"; die Arie: „che boglio parlare" des alten Marcaniello und jene der Vannella: „Chi disse ca na femmena", sowie das famose Duett: „Io ti dissie a dir ti torno". [106])

Die Scene ist in einer Strasse von Capodimonte, einem prächtigen Orte bei Neapel. Zwei Palazzi stehen sich gegenüber. In einem wohnt der alte Marcaniello, krank und podagraleidend, der Vater Lucrezias und des läppischen und weibischen D. Pietro, ferner die Dienerin Cardella und der junge Ascanio, der für eine verlassene Waise, ein Findelkind, gehalten wird. Im andern Palazzo

wohnt Carlo, der Oheim der Schwestern Nina und Nena,
sowie die unvermeidliche Dienerin Namens Vannella. Der
Onkel Carlo ist verliebt in die junge Lucrezia und verspricht ihrem Vater, Marcaniello seine Nichte Nina, sowie
dem Don Pietro seine zweite Nichte Nena zur Frau zu
geben.

Nina und Nena wollen, wie leicht zu vermuten ist,
von diesen Heiraten nichts wissen. Zudem liebt Lucrezia
den jungen Ascanio, die Hauptperson des Stückes; dieser
dagegen ist verliebt in Nina und Nena, und beide erwidern
seine Liebe. Die Mägde Vannella und Cardella sind in
dieser ziemlich verwickelten Handlung als zwei lebhafte
Koketten gezeichnet. Don Pietro, welcher an den Typus
des römischen Gelsomino erinnert, liebäugelt bald mit
Vannella, bald mit Cardella. Das kommt für Nena ge-
legen; sie zeigt sich durch den Leichtsinn Don Pietros
beleidigt und will nichts mehr von ihm wissen. Marcianello gerät hierüber ausser sich, da er fürchtet, Nina nicht
mehr zu bekommen und lässt seinen Zorn am Sohne aus:

> Tu si gruosso quanto a n' aseno . . .
> („Du bist ein grosser Esel".)

Der Sohn D. Pietro glaubt sich mit folgenden mise-
rablen Versen entschuldigen zu können:

> Io non colpa genitore
> Colpa sol la mia beltà.
> („Ich habe keine Schuld, Vater, Schuld ist meine Schönheit".)

Im 2. Akte folgen die komischen Scenen rasch aufeinander, aber mit wenig Abwechslung.

D. Pietro, nicht damit zufrieden, dass er Cardella
sein Herz versprochen hat, bekommt Vannella unter die
Hände und macht es mit ihr ebenso; kurz darauf sieht er
wieder Cardella und entflammt noch mehr wie früher:

> O mia rugiada bella,
> Dolcissima Cardella.
> („O mein holder Tau, süsseste Cardella".)

Der Akt schliesst mit einem Concertato, oder vielmehr einem Dialogato von 5 Personen, einem der
Stücke, welche den meisten Erfolg hatten, vielleicht wegen
der Neuheit, der lebhaften und komischen Handlung,
Marcianello, des zügellosen Lebens seines Sohnes überdrüssig, fürchtet immer mehr, die junge Nina zu verlieren und prügelt ihn deshalb durch, verstaucht sich aber
den Fuss und, da er an Podagra leidet, schreit er wie
verrückt. Carlo und D. Pietro versuchen, ihm aufzuhel-
fen und ihn zu trösten, er aber empfiehlt ihnen, leise vor-
zugehen:

Facite chiano . . .

Vannella und Cardella lachen heimlich darüber.

Vi che spetale se vò 'nzorà.
(„Schau, welches Spital heiraten will!")

Im 3. Akt ist Vannella auf Cardella eifersüchtig und
diese wieder auf die andere; jede glaubt, D. Pietro ziehe
sie vor. Ich führe etwas von diesem Dialog an, wegen
der Originalität der Schimpfworte, welche eine der anderen zuschleudert:

C a r d. Che ssinghe accisa. (Ermorden soll man dich.)
V a n n. Mpesa! (Erhängen!)
C a r d. Strascenata! (Schleifen!)
V a n n. Scannata! (Die Gurgel abschneiden!)
C a r d. Va a ppesta schefenzosa! (Die Pest sollst du kriegen,
        Abscheuliche!)
V a n n. Va a forca, moccosa! (An den Galgen mit dir, du
        Schwein!)
C a r d. Zantraglia . . .
V a n n. Pettolella. (Ordinäre Schimpfworte.)

Interessant ist in dem Stücke die Liebe, welche Lucrezia und die Schwestern Nina und Nena für Ascanio
hegen. Eine kühne scenische Situation ist jene, wo Nina
und Nena, ohne zu wissen, dass es ihr Bruder ist, verlangen, dass Ascanio sich endlich entschliesse, eine von Beiden zu wählen. Ascanio sagt, er könne nicht, da er sie
beide gleich liebe:

Asc. „Nina, du willst mir sagen: Ascanio, ich liebe dich! Ascanio, ich liebe dich, willst du mir sagen, Nena! Meine Liebe, ich antworte dir, ich habe dich lieb; meine Schöne, ich liebe dich, antworte ich dir".

Die Bitten der Schwestern werden lebhafter, indem jede hofft, ihn für sich zu gewinnen; Ascanio, von der Beiden Liebe in die Enge getrieben, die ihn gleich quälen, beschwört die Schwestern, ihn zu töten, da er sich nicht entscheiden kann:

Asc. Si bene me vulite,
Ve prego mm' accidite!
(Wenn ihr mich lieb habt, so tötet mich, ich bitte Euch!)

In feiner Weise zeigt der Dichter, wie keine auf die andere eifersüchtig ist, da sie, unwillkürlich, die Schwesterliebe mit der sinnlichen verwechseln; so auch erklärt es sich, warum Ascanio sie in gleichem Masse liebt, weil sie seine Schwestern sind.

Wegen eines geringfügigen Grundes duellieren sich Ascanio und D. Pietro. Ersterer wird am Arme verwundet. Carlo untersucht die Wunde und erkennt, an einem Zeichen auf der Haut, in Ascanio seinen Neffen Lucio, den Bruder von Nina und Nena, den er für tot gehalten hatte. Alle sind froh, den jungen Lucio wiedergefunden zu haben, Lucrezia am meisten, da sie die Seine werden kann.

„Je regarde Pergolèse comme le premier de tous les modernes dans son art. Il a inventé et perfectionné l'art de peindre par la musique; son „Stabat Mater" est un tableau continuel; sa „Serva padrona", et quantité d'ariettes bouffonnes, sont des modèles de chant drammatique . . . . Le „Se cerca" du fameux Galuppi est servilement imité de celui du Pergolèse (Olimpiade)". So schreibt der anonyme Verfasser des Buches: Traité du mélo-drame, ou Réflexions sur la Musique dramatique, er beurteilt Pergolesi und zieht ihn selbst Gluck vor. [107])

Die vergleichende Kritik ist die einzige, welche ein unbefangenes Urteil über einen Künstler fällen kann, denn sie schätzt ihn nach seinen Vorgängern und Nachfolgern. Vinci trug zur Entwicklung der komischen Kunst nicht wenig bei, aber Pergolesi eilt ihm weit voraus; dieser trägt ebenfalls dem Geschmacke des Volkes, dem Gefühle der Zeitgenossen Rechnung, er fügt aber seine dramatische Eigentümlichkeit hinzu. Die Individualität ist ein charakteristisches Kleid, welches den Künstler ziert, indem sie alle technischen Elemente der Kunst mit seinem innerlichen Fühlen zu einer weisen Einheit des Stiles verschmilzt. Der Oper Pergolesis geht eine dreiteilige Symphonie voraus, welche schon von den ersten Takten an den Stil Pergolesis mit seinen rhythmischen Motiven erkennen lässt; sie beginnt, wie bei Vinci, mit einem Liede; jenes von Pergolesi ist zweistimmig und besitzt eine höhere Ausdrucksweise; es wird von den beiden Mägden Vannella und Cardella gesungen.

Leicht zu erkennen ist seine mit Vorliebe gebrauchte harmonische Formel, in welcher die fünfte Stufe sich auf die sechste stützt, statt auf die Tonika; eine Unter-

7*

brechung der Kadenz zu dem Zwecke, um Gelegenheit zu haben, die letzte Periode zu wiederholen. Er fühlt die Notwendigkeit, die melodische Zeichnung zu vergrössern, und setzt an Stelle der Uebereinanderstellung der melodischen Motive der früheren Meister die „Wiederholung", welche man die „musikalische Perspektive" nennen kann.

Das Lied Vannellas: „Chi disse cà la femmena", welches Napoli-Signorelli als eines jener Stücke bezeichnete, welche sich am meisten der Gunst des Publikums erfreuten, hat auch ein Anrecht darauf von seiten der Kunst. Es besteht aus zwei Teilen; aus dem wirklichen Liede, welches ein Larghetto ist und einem Presto. Der Inhalt ist echt menschlich und weiblich: die Frau ist klüger als der Teufel (farfariello); obwohl sie sich für einfältig ausgiebt, ist sie voll Tücke; wenn sie die Spröde spielt, sehnt sie sich im geheimen nach einem Manne. Im Thema des Liedes, welches vielleicht einen zu sentimentalen Inhalt hat, bemerkt man, dass die 4. Stufe mit der kleinen Sext harmonisiert ist, eine neapolitanische Eigentümlichkeit, der Rhythmus ist genial und kokett. Das Presto hat eine bei Pergolesi ungewohnte Lebhaftigkeit, und der Ausdruck wird äusserst komisch durch die Wiederholung des ed è („und ist"), sowie des e bo („und will").

54) II. Akt, 7. Scene.

(Viol. 1 u. 2 col canto.)

Chi dis-se cà la fem - me-na sà cchiù de far - fa-

(Wer gesagt hat, die Frau sei wie der Teufel,

riello dis-se la ve - ri-tà dis-se la ve - ri-ta

der hat die Wahrheit gesagt.)

Presto.

U - na te fa la nzen-pre-ce ed è ed è ed

(Eine stellt sich unschuldig und ist boshaft, die andere stellt sich

è ed è ed è ma-le zi o - sa n'autra fa la sche fo - sa è

schüchtern, möchte aber einen Mann,)

bò è bò è bò è bò è bò la ma-re - tiel - lo

Ich bemerke, dass der Anfang des pergolesischen Liedes jenem Meyerbeers ähnlich ist, wo Dinorah im 2. Akt, 3. Scene, von Melancholie überwältigt, sich daran erinnert, dass die Hexe vom Berge ihr gewahrsagt hatte, sie werde wie eine arme Blume vom Frost erstarren. Im 3. Akt, 12. Scene, ist der Dialog zwischen Vannella und Cardella. Der Zwiegesang, der Kontrast und der Dialog waren der Anlass zu langen Erörterungen zwischen den alten Meistern, welche daran dachten, eine scenische Handlung in Musik zu setzen.

Das Problem wurde durch das Rezitativ gelöst. G. B. Doni, der eifrige Verfechter der „gelehrten Camerata fiorentina" scheint doch nicht ganz überzeugt zu sein, dass man eine scenische Handlung ganz in Musik setzen könne. [108])

Die Person des Ascanio, welche von einer Dame dargestellt wird, ist mit grosser Wahrheit gezeichnet. Von einem unverstandenen Gefühl der Liebe gefoltert, die er in gleichem Masse zu Nina und Nena fühlt, weint er, ersehnt sich den Tod, dass er ihn von seinen Leiden erlöse. Der Charakter der Rolle, welcher vollständig der persönlichen Eigenschaft Pergolesis entspricht, ist musikalisch mit einem für jene Zeit neuen Ausdruck gegeben. Es ist der innere Schmerz, welcher sich in eine musikalische Klage verwandelt. Ich gebe die Kadenz des Rezitativs der Arie, welche das oben angedeutete harmonische Charakteristikum unserer Schule besitzt. Die Bassnote, welche mit der übermässigen Sekunde und Quart, oder mit der kleinen Terz und übermässigen Quart, harmonisiert ist, fällt nicht als Tendenzton oder Dissonanz auf die dritte Stufe mit der Terz und Sext, sondern die natürliche Auflösung wird unterbrochen und durch die Singstimme vollzogen. Darauf folgt eine authentische Kadenz.

55) I. Akt, 13. Scene.

Ascanio: O sciorte pe ffarme asci de stiente remmedià nce pò schitto la morte

(O Schicksal, nur der Tod kann mich von diesem Leiden erlösen.)

Diese Art der Harmonisierung wurde für den dramatischen Ausdruck vorgezogen.

Gluck wendet sie in der „Iphigenie in Tauris", 3. Akt: „l'incesso alter" an; Beethoven in der Arie des Seraph in der Kantate „Christo sull' Oliveto"; Sacchini im „Edipo a Colono": „à l'empire du monde" und Rossini im Rezitativ beim Auftreten Arnolds im „Wilhelm Tell". Scarlatti geht allen voran; in der Kantate: „Andante, o miei sospiri", wendet er seine Lieblingsschreibweise an, welche, wie wir oben bemerkt haben, bei der Aufführung korrigiert werden muss.

56)

ch'el - la non vi co - nos - ce e non v'in - ten - de

(sie kennt dich nicht und versteht dich nicht)

Der rhythmische Gesang, die Arie, welche folgt, ist eine der wirksamsten und originellsten Melodien Pergolesis. Dieselbe ist sehr bekannt und befindet sich in allen Sammlungen der schönsten Kantilenen, wobei der neapolitanische Text ins Italienische übersetzt ist, ohne anzugeben, dass es sich um eine Oper handelt. [109])

57)

Og-ne   pe-na   cchiù spie-ta-ta   cchiù spie-ta-ta

(Jedes, auch das ärgste Leid, kennt diese betrübte Seele.)

po-tar-ri-a st'ar-maf-frit-ta ne-gre-ca-ta si pò a-

(Wenn ich nur einige Hoff-

ves-se quà spe-ran-za de po-ter-se con-so-là   etc.

nung hätte, getröstet zu werden.)

Das „obligate" Rezitativ Ascanios im 3. Akt, 5. Scene ist eines der dramatischesten unseres Autors. Gluck folgt im Orpheus getreulich dem pergolesischen Rezitativ und hat darin nicht wenigen Komponisten als Muster gedient. Ich übersetze wörtlich den Text, um so die ganze musikalische Ausdrucksweise verständlich zu machen: „Wohin gehe ich? Wo bin ich? Was will ich thun? Ach, ich höre noch die Stimme und die Klage jener Betrübten (Nina, Nena und Lucrezia). Und dieses Leid ist es, welches meine Begierde steigert, und mich die Schmerzen und den Schrecken des Todes fühlen lässt". Folgende Arie ist im Gegensatz zu der andern einteilig; es fehlt das Da Capo. [110])

58)

Che fac-cio? Ah! cà me sen-to de chel-le affritte

f sempre

(Was thue ich? Ach, ich höre die Stimme und die Klage jener

dinte al-le recchie ancora le bu-ce e lo la-miento

pp

Armseligen in meinen Ohren.)

Ich verweile vielleicht etwas zu sehr beim Rezitativ, allein dieses ist gerade das dramatische Element der scenischen Handlung, und die moderne Melopee hat ihren Ursprung im alten Recitativo obligato.

Die weise Eindringlichkeit ist, um mit Giordano Bruno zu sprechen, das charakteristische Merkmal Pergolesis; sie nimmt aussergewöhnliche Proportionen an in der Kompositionsweise Paisiellos, Beethovens, Rossinis und Wagners. Dieses echt musikalische „trovato", welches sich kraft der Wiederholung auszeichnet, ist von grosser Wirkung im Melodrama, namentlich, wenn man die Entwicklung einer dramatischen Handlung ausdrücken will, und wenn die Person von einem Gefühl beherrscht wird, das ihr schmerzlich und betrübend ist. [111]) Ein glänzendes Beispiel Pergolesis findet sich in der Arie Carlos; das synkopierte Motiv der ersten Violinen, welches sich durch 20 Takte fortsetzt, ist eines der ältesten

Beispiele einer vom Gesange unabhängigen Begleitung.
Ein ähnlicher Kontrast zwischen Stimme und Begleitung,
wenn auch mit anderer ästhetischer Tendenz, findet sich
in der dramatischen Arie des Orest in der Iphigenie in
Tauris von Gluck, und im Wilhelm Tell, wo Tell gezwungen ist, den Pfeil gegen den Apfel auf dem Haupte
seines Sohnes zu richten. Diese Arie ist eine der rührend-
sten Kantilenen in der Musik, namentlich, wo der betrübte Vater sagt: „Gemmy, denk an deine Mutter". Ich
gebe hier einige Takte von Pergolesi und der Leser wird
sehen, mit welcher Wahrheit er die unruhige Gemütsverfassung der Person ausdrückt und wie er die Durchgangsnote und die Appoggiatura auf dem starken Teil
der Synkope anwendet.

59) II. Akt, 16. Scene.

Mi pal pi-ta il co-re non ho più la calma sos-

(Mir schlägt das Herz, ich habe die Ruhe nicht mehr, Verdacht

pet - toe ti - mo - re

und Angst . . . .)

Pergolesi war glücklich in der Erfindung dieser kleinen geschmackvollen Noten, welche dem Akkord fremd
sind, und für die Geschichte will ich auch einige Takte
aus einer Arie seines Intermezzos Fracollo anführen, in
denen sich die Durchgangsnote sprungweise findet, oder
wie die Meister sagen: Nota cangiata (Wechselnote) oder
Nota di passaggio, welche eine Anticipation der darauf-
folgenden Harmonie bildet. Ich dagegen möchte sie
durch die Theorie von der Auslassung der note reale aus
rhythmischen Gründen erklären. In diesem Falle namentlich wäre das A eine Appoggiatura des ausgelassenen H,
und ähnlich das H des C.

60) Tracollo, 1734.

Nun wollen wir die Concertati etwas analysieren. —
Sowohl das Finale des ersten, als des 2. Aktes, sind, musikalisch gesprochen, wenig bedeutend, denn Pergolesi bietet den Concertati Vincis gegenüber in Bezug auf Erfindung und Entwicklung wenig Neues. Dagegen überflügelt Pergolesi seinen Vorgänger im Duett zwischen D.
Pietro und Vannella, und im Terzett für 3 Soprane der
Geschwister Nina, Nena und Ascanio. In der Melokomödie Zite 'n galera findet sich, wie bereits bemerkt,
ebenfalls ein Terzett für 3 Soprane; doch hält es mit jenem
des frate innamorato keinen Vergleich aus, sowohl in der
Ausdehnung der Phrase, als im wirksamen dramatischen
Ausdruck. Das Duett zwischen D. Pietro und Vannella
ist ein ganzer musikalicher Organismus; es hat einen
zweiten Teil und ein Da Capo. Rousseau erkennt das
Duett in der Serva padrona: „Io conosco a quegli occhi-
etti" als Muster in seiner Art an, sowohl wegen des launen-

haften und koketten Ausdruckes, als wegen der melodischen Einheit, der einfachen Harmonie, des so passenden Accentes im Dialog. In der That ist das richtig; aber
jenes des frate innamorato geht diesem um ein Jahr voraus; der Leser sieht daher von selbst, ohne dass ich darüber viele Worte verliere, dass es im Vergleiche zu jenem
an Grazie und komischer Lebhaftigkeit nichts verliert.
D. Pietro, welcher wahrscheinlich einen Typus aus jener
Zeit darstellt, erhitzt sich beim Wiedersehen Vannellas
noch mehr; Vannella, um ihn zu gewinnen, stellt sich
widerstrebend und verschämt. D. Pietro, welcher sie für
ein unerfahrenes Mädchen hält, will sie das Verliebtsein
lehren: Famme no zennariello (lächle mir mit den Augen
zu) verlangt D. Pietro von Vannella und diese zeigt sich
alsbald als erfahrene Meisterin.

61) *Allegro giusto.*

Io ti dis-si   ea dirti tor-no   ea dirti torno tu sa-

(Ich habe es dir gesagt und wiederhole es dir, du bist

Non sia ma-i me piglio scuorno me piglio

rai la mia vezzo - sa

meine Holde. — Das geschehe nie, ich schäme mich, das ist

scuorno che-sta moè na brutta co-sa

la scrigno - sa più non

eine hässliche Sache. Sie scheint nicht mehr schüchtern.

me fa - ci - te ver - go - gna-re

pa-re

Ihr beschämt mich.)

Das Terzett scheint mir ein wahres Kunstwerk, mit Meisterhand ausgeführt. Es hat zweierlei Ausdrucksweisen; eine eindringlich bittende von Seiten der Schwestern, von denen jede Ascanio für sich haben will; ferner jene des Ascanio, welcher sich zu entschuldigen versucht und nicht weiss, welches der beiden Mädchen, Nina oder Nena, er vorziehen soll. [112]) Hier muss ich, der künstlerischen Beziehung halber, den Anfang einer prächtigen Kantate von Carissimi zitieren, welche für mich das älteste Beispiel von einer Melodie ist, welche auf einer gleichmässigen wiederholten Note ruht.

Sin che avrò spir-to e vi - ta o bel - la o

(So lange ich Atem und Leben habe, meine Holde, werde

bel - la bel - la io t'a - me - rò

ich dich lieben.)

Pergolesi wendet sie am Anfange des Terzettes an, wie später Donizetti dafür eine Vorliebe zeigt in seinem genialen Allegro: „Al suon della arpe angeliche".

Das Concertato Pergolesis hat einen erregten Charakter, sowohl durch die fortwährende Bewegung des Basses, als wegen der Begleitung der 2. Violine in Sechszehnteln am Anfang der Phrase, welche sich in einem Gusse entwickelt. Wie der Leser bemerken wird, dient ein kurzes attacco: „ah! non lo pozzo fa" dazu, das Eintreten des Themas in der Quint des Tones vorzubereiten. In der Entwicklung des ersten Teiles ist die Wiederaufnahme des Themas in der Verdoppelung bemerkenswert, dem, gleichsam als ein Fugenstretto der Alt antwortet, welcher der Modulation halber einen übermässigen Quartensprung macht.

(*Nena:* Wenn mein Feuer dein Herz entflammt, so entschliesse

dich, jede andere Liebe aus deinem Herzen zu verbannen.)

Nena: Se bru-ci al-la mia

Ascan.

fet-to Ah! non lo pozzo fa, non lo poz-zo fa   etc.

(*Ascan:* Ach, ich kann es nicht! *Nena:* Wenn du brennst bei meiner ...)

più bar-ba-ro e più   ri - o più ri - o

più bar - ba - ro e più   ri - o

(grausamer und verbrecherischer ...)

Die Begleitung in der Oper Pergolesis besteht hauptsächlich aus dem Streichquartett, ausgenommen die Sinfonia, in welcher er zwei „lange" Trompeten hinzufügt;
nicht selten ist die Begleitung nur zweistimmig, indem
die Violinen in Oktaven, die Viola mit dem Basse gehen.
Der Hauptzweck dieser Beschränkung der Mittel ist der,
die Stimme mehr hervortreten zu lassen. Es ist das eine
Eigentümlichkeit des hervorragenden Monodisten, und
von seinem Standpunkte aus hat er vollkommen
Recht. [113])

Meine Ueberzeugung ist es, dass, wenn je wieder
tüchtige und gewissenhafte Komponisten auferstehen,
Meister neuer Formen und schöner Melodien, und deren
Werke von vollendeten Sängern gesungen werden, das
Publikum den modernen künstlerischen Verismus vergisst
und die Kunst unter einer einfacheren und ausdrucksvol-

leren Form vorziehen wird, indem es unsere gelehrten „trovati" verdammt, welche die Sänger zwingen, im Meeresgrunde, zu Pferde und im Leibe von Drachen aus Papiermaché zu singen. Das rechte Masshalten ist dem realen Wert einer Kunst eigentümlich, ist deren hauptsächlichste Zierde. Es ist sehr schwierig, die Grenzen einer Kunst zu bestimmen, d. h. zu erkennen, wo das Erreichbare aufhört und dem Zwange weicht: wann die Originalität ins Bizarre ausartet, wann das Starke zum Lärm wird, wann die Dissonanz zum Missklang und das Gefühl zur Manier wird. Wenn das Auge, infolge seiner natürlichen Gestaltung, die Linienform liebt, so gefällt sich das Ohr, aus physiologischen Gründen, daran, die Töne in der Aufeinanderfolge zu hören und zwar dergestalt, dass die gelehrte und reiche Polyphonie, durch das Gesetz von der „geringsten Anstrengung", den Akkord als einen blossen Ton betrachtet, der verstärkt und klangreicher gestaltet ist. [114]) Um zu unserem Gegenstande zurückzukehren, so glaube ich, dass die kurze Besprechung der Oper Pergolesis ihren Vorzug vor der Serva padrona gerechtfertigt hat.

Im frate innamorato ist nicht nur die Komik stärker, sondern auch das dramatische Element kommt in solchen gemischten Werken besser zur Geltung. Und dieses System fand in der Folge Nachahmung. Die Nina pazza per amore von Paisiello verdient den Vorzug vor seiner ernsten Oper „Giuochi d' Agrigento". Die Bedeutung unserer Komponisten muss man mehr nach der komischen als nach der ernsten Oper beurteilen. Nicht nur, dass diese Kunstform eine weniger konventionelle litterarische Richtung hatte, die Künstler, welche sie sangen, waren weniger anspruchsvoll, weil sie weniger angesehen waren als die vom ernsten Genre.

Und nun zum Schlusse spreche ich etwas über Scarlatti und gebe dabei eine kurze historisch-theoretische Darstellung der behandelten musikalischen Zeitperiode.

Die Periode des Ursprungs der modernen Kunst endet mit dem Ausgange des XVIII. Jahrhunderts. Die musikalische Morphologie hat eine bleibende Norm, die eurhythmische Idee der Melodie entwickelt sich immer mehr; im selben Grade als sich das System erweitert, gewinnt die Melodie an Ausdehnung, denn sie basiert auf einer umfangreicheren Skala. Die Monodie, welche im Gegensatz zur Polyphonie den Vorteil einer grösseren Freiheit in der Wahl der Intervalle besitzt, bekommt mannigfache Formen, namentlich im komischen Genre; ausser der volkstümlichen Canzona haben wir die Arie mit dem Da Capo, die einteilige, eine Art Arioso, und wo die Handlung es verlangt, folgt manchmal auf ein Adagio ein Presto; zudem giebt sie zum scenischen Duett Veranlassung.

Die vokale Polyphonie dient, im vollen Sinne des Wortes, der Kirchenmusik. Das Rezitativ in seiner Vervollkommnung, welches sich durch die italienische Kadenz vom rhythmischen Gesange abhebt, bald vom numerierten Basse, in den mehr dramatischen Momenten aber vom Orchester begleitet, gesellt sich zur fortschreitenden Handlung des Stückes, während die Arie nur einen Ruhepunkt auf einem bestimmten Objekte bedeutet. Das Rezitativ ist das Bindeglied zwischen der getragenen Sprechweise, Deklamation und der lyrischen Melodie. Die Kunst der Orchestration, welche vor der Erfindung des Melodramas noch in den Kinderschuhen steckte, wird von nun an dramatisches und beschreibendes Element, und je mehr sie an ästhetischem Inhalt gewinnt, ist sie auf dem Wege zur späteren klassischen Symphonie. Dieses ist das Resultat der neuen monodischen Formen Caccinis, denn die Madrigal-Polyphonie allein konnte dem Orchester keinen ästhetischen Inhalt geben. Die symphonischen Formen jener Zeit, von der wir sprechen, welche schon von Frescobaldi in seinen Toccaten eingeleitet wurden, von denen die ersten 1615 erschienen, sind die „Danze“, welche die alten scenischen Vorstellungen begleiteten; mit Stefano Landi machen sie einen Schritt vorwärts. Dieser erinnert uns in seiner Ouverture-Sinfonia des S. Alessio an den Florentiner Lulli, denn sie ist zweiteilig; sie trennt das Adagio in Liedform vom Allegro fugato mit einem bestimmten Ruhepunkt auf der Quint des Tones. Die Komposition ist vollständig vierstimmig, ziemlich korrekt, die Violinen sind darin in erste und zweite geteilt, ferner hat sie die Viola, Harfe und Kontrabass, ausser dem basso continuo.

Man sagt, es sei eine historische Notwendigkeit, dass die Idee der Zeit die so verschiedenen geistigen Schöpfungen bestimmen und charakterisieren müsse; musikalisch gesprochen, spiegelt sich jene des XVII. Jahrhunderts in der Florentiner Schule, dann in der venzianisch-römischen; die des XVIII. in der neapolitanischen.[115]) Diese, der Reihenfolge nach die letzte, ist die erste an künstlerischem Wert und Güte des dargebotenen; gelehrt und populär, stellt sie ihre Konkurrentinnen in Schatten und bekommt die Herrschaft über ganz Italien; die fremden Meister mussten, um Verständnis und Beifall zu finden, entweder ihrer Richtung folgen, oder schweigen. Dem ernsten Minuett, der Freude und Zier der eleganten Salone steht die Canzonetta gegenüber, bald pikant und bald gefühlvoll; ein prächtiges Beispiel hiervon ist jenes der schlauen Vespina Pergolesis, welche nach Belieben den reichen und leichtgläubigen Umberto zu umgarnen versteht.

Die musikalische Dramatik verliert das Ungeschlachte und Unbestimmte, welches ihr anfangs anhaftete, und die Kunst giebt sich als geniales und lebhaftes Mädchen mit lächelndem Antlitz, um ihre Vollendung in Rossini, dem Einzigen, zu finden. Auf die mannigfachen Tonarten, oder besser gesagt, typischen Kantilenen der alten Kunst, folgen die beiden modernen, die Dur- und Molltonart.[116]) Ihre ästhetische Bedeutung wird festgesetzt, und der ausgezeichnete Carissimi giebt davon ein bezeichnendes Beispiel im Duett oder Dialog zwischen Democritus und

8*

Heraclitus; der eine lacht, und er weist ihm F dur zu, der andere weint und singt dabei in F moll. [117])

64) È pur da ri - - - - de - re

È pur da

(Es ist doch zum Lachen — es ist doch zum Weinen.)

È pur da

pi - an - - - - - ge - re

Das oktochordale System, welches in der Vereinigung der beiden Tetrachorde besteht, wird beständig von der neapolitanischen Schule verkörpert, indem sie die zweite Stufe als abgeleitet vom Dominantseptimakkord oder als dessen Umkehrung betrachtet. An Stelle der einfachen Harmonie der Terz und Sext Palestrinas tritt der Terz-quartsextakkord mit entschiedener Tendenz auf der Tonika zu ruhen auf. Dieser harmonische Grundsatz heisst Regel der Oktave, das Fundament der modernen Tonalität. Sie hat einen Grundton, die Tonika, welche zu sich selbst zurückkehrt und ausruht und sich ergänzt nach der stufenweisen Aufeinanderfolge der sieben Haupttöne, indem sie auf ihrer Oktave ruht, gleichsam dem Echo des ersten Tones. Auf diese Weise ist die Skala keine will-kürliche Progression, sondern entspringt einem Gesetze der Beziehungen, welches vollständig zusammenhängend und feststehend ist. Der Grund hiervon besteht in der Beziehung einer jeden Stufe der Skala zu ihrem Grund-ton. In der That, das ganze System liegt zwischen der Prim und der Oktave, denen 2 Tendenztöne oder Disso-

nanzen vorhergehen, nämlich jener der 7. Stufe, welche
sich in die Oktav, und der 2., welche sich in die Tonika
auflöst. [118])

Im Madrigal, welches im 4. Buche der Compositionen
des Fürsten Gesualdo di Venosa enthalten ist: „Moro, e
mentre sospiro" findet sich in der Schlusskadenz die verminderte Quint, ein sehr seltener Fall, mit der Sext ohne
absichtliche Vorbereitung verbunden, eine Harmonie,
welche zum oktachordalen System gehört und später von
Monteverdi vorgefühlt wurde.

65)

Das Pedal war den Alten unbekannt, weil sie nicht
die Idee vom Grundton hatten. Ich möchte dasselbe ver-
nunftgemässer basso generatore zum Unterschiede vom
Basso partimentale nennen, welcher die verschiedenen
„parti" (Teile) der Harmonie darstellt. [119])

Da der Ton nicht einfach, sondern zusammengesetzt
ist, begreift er viele andere Töne in sich, welche bis zum
7. harmonischen bestimmbar sind: C - c - g - c - e - g - b(?);
dieselben werden von den Physikern harmonische Reihe,
Elementartöne oder Nebentöne genannt. Jeder dieser
Töne bringt wieder andere harmonische Reihen hervor,
kraft derselben Eigenschaft, welche der Grundton besitzt,
und so fort. Daraus folgt, dass kein Ton der verschiedenen Reihen dem ersten fremd ist, wenn sie nur nach
der Regel von der Kadenz aufeinanderfolgen, um eine
gefällige Harmonie hervorzubringen. Die Idee von der
Kadenz ist die Grundlage der Modulation; d. h. sie ist
der Uebergang des Akkordes der 5. Stufe mit der Domi-
nantseptime in jenen der Tonika. Bei der abwärtsgehen-
den Skala wird das Gesetz der Modulation bestimmt, indem man die 6. Stufe zur 2. macht und die 2. Umkehrung

des Dominantseptimakkordes darauf anwendet, und
daraus erhellt auch der fortschreitende Weg der 12 Tonarten in Dur mit ihren relativen Molltonarten. [120]) Ist
einmal das charakteristische Merkmal der Tonart, die
Terz, festgesetzt, so wird, wegen der authentischen Kadenz, die Einheit der Tonart nicht mehr beeinträchtigt,
wenn man die Terz auch als willkürlich annimmt. [121])

Der Terzquartsextakkord verändert sich bei der Begleitung der kleinen 6. Stufe der Mollskala in die übermässige Sext und dient der modernen Enharmonik, weil
man ihn als kleine Septime betrachten, oder, besser gesagt, hören kann. So wird sie, um als übermässige Sexte
empfunden zu werden, mit dem Grundton, der Quart, begleitet. Wenn diese durch die Quint ersetzt wird, nach
dem Gesetze von der „geringeren Anstrengung", d. h.
dass unser Ohr es liebt, den Akkord nach seinen mehr
konsonanten Beziehungen zu beurteilen, unabhängig von
der Schreibweise, so wird in unserem Falle das harmonische Empfinden mehr das eines Dominantseptimakkordes als desjenigen einer übermässigen Sext sein. Ein
praktisches Beispiel bestätige meine Behauptung. [122])

66)

Auf diese Weise giebt die Regel der Oktave in der
Durtonleiter das modulierte Genre; die Molltonleiter dagegen entspricht der Enharmonik.

In der Kunstgeschichte, einer Art historischen Fa-
tums, entstehen zum Glück ausserordentliche Organis-
men, welche es verstehen, die ganze Kunst ihrer Zeit in
eine weise Synthesis zusammenzufassen, welche ihren Gedanken erkennen und gleichsam Seher der Zukunft sind.
Im Abstande von nicht weniger als einem Jahrhundert

thun sich in der musikalischen Welt zwei künstlerische Gestalten hervor: Claudio Monteverdi (geb. 1568) und Alessandro Scarlatti (geb. 1659), die Mitte zwischen beiden bildet Carissimi. Zwischen den beiden ersteren bemerke ich, vielleicht aus geschichtlichen Gründen, eine nicht geringe Analogie.

Monteverdi erkennt die Dissonanz als physische Ausstrahlung des Tones; die Musik besteht aus zwei entgegengesetzten Begriffen, nicht als Vorhalt der Konsonanz, sondern durch Bildung. Er fühlt, dass die Zukunft der Kunst, ein neues Gefühlsleben, eine reiche Stufenreihe von Licht und Schatten, im Orchester liegt. Die Andeutungen, die Versuche, welche den „patriarche de l'instrumentation dramatique" zu einem „des créateurs du drame musicale" machen, um mit Gevaert zu sprechen, wurden nicht alle verstanden, noch von seinen Nachfolgern in der melodramatischen Komposition entwickelt. Cavalli und Cesti beschränken die Begleitung der Arien fast ausnahmlos auf das blosse Cembalo mit beziffertem Bass; die Handlung wird von Ritornelli unterbrochen, welche von Streichinstrumenten ausgeführt werden. Die Neuerung in dieser Periode, in welcher immerhin die alte Kunst, ein Greis in Kinderkleidern, bestehen blieb, zeigt sich darin, dass man dem scenischen Sujet das komische Element hinzufügte; daraus entstand das Intermezzo, welches seine Vollendung in der Melokomödie fand. Im Gegensatz hierzu wird das Studium der Melodie und des Ausdruckes vorgezogen. Aehnlich ist es bei Scarlatti. Seine Nachfolger, mit der nötigen Beschränkung gesprochen angesichts des Fortschrittes der Kunst, folgen ihm nicht, obwohl sie von ihm ausgehen, in der Idee, welche er von der Kunst im allgemeinen und im besonderen von der Orchestration hatte. Vinci und Pergolesi verwenden ihre künstlerische Thätigkeit darauf, den Inhalt des Kunstwerkes, die Melodie, immer mehr zu vervollkommnen, indem sie ihr eine entsprechende Form geben. Die Melodie ist das universelle Prinzip und ohne dieselbe erscheint ein Werk ohne bestimmten, affektiven und humanen Sinn. Ein Meister, der nur auf die musikalische Struktur, auf den Reichtum einer solchen (scholastischen) Architektur Wert legt, bringt etwas Gedanken- und Gefühlsarmes zu stande, und zu einer solchen Komposition braucht man kein tiefes Bewusstsein, keine Phantasie, kein Gefühl. Solche Künstler, unter denen immerhin grosse Männer existieren, haben einen engen und im Fortschritt einer Kunst beschränkten Wirkungskreis; sie erregen und entzücken die Zuhörer nicht, sondern rufen nur Verwunderung oder Ermüdung hervor. Durch Pergolesi erreicht die Melodie einen bestimmten ästhetischen Ausdruck und klar erkennt man in ihm den Willen, den G e s a n g i m G e s a n g zu dramatisieren. [123]) Es war dies eine gesunde Tendenz; die noch junge Kunst entfernte sich nicht von ihrer menschlichen Grundlage, dem Ausdruck, sondern überliess es besseren Zeiten, die Realität des Gefühles in der äusseren Form zu erreichen, was durch Meister unseres Jahrhunderts mit mehr oder minder Glück geschah. Es ist ein Irrtum, zu glauben, dass die Künste vom Einfachsten und Natürlichsten ausgehen, wenn man es nicht mit dem Ungeschlachten und Ungebildeten verwechseln will. Ein Kind, welches glaubt, mit einem Federstrich oder einem farbigen Klecks ein Pferd oder ein Haus zu zeichnen, giebt nicht einen Anfang von Kunst, sondern einen Instinkt zu erkennen, der sich zeigt, so gut er kann. Es ist eine Eigentümlichkeit der Kunst, dass sie Bewegungen des Künstlerischen annimmt, wenn sie sich personifizieren will. Man glaubt die Unzulänglichkeit des Geistes mit jener der Formen ersetzen zu können.

Eine historische Probe ist folgende: Als man unsere Kunst als unabhängige, als Kunst für sich empfand, wurde sie gleichsam als lyrisch-gesungene geboren; man hatte die gekünstelte flämische Schule.

Palestrina ersetzte dagegen den verwickelten Kontrapunkt jener Zeit weise durch eine mehr ästhetische

Technik, indem er alles beseitigte, was dem Gefühle und
der künstlerischen Wahrheit widerstrebte. Das war eine
Notwendigkeit der Zeit; die Kirche dagegen, die Kirchenmusik, die Majestät des Gotteshauses, das war alles nur
ein lobenswerter Vorwand. Ein wahrhaftes und gewandtes
Genie geht mit der Zeit und verwirklicht die neuen und
empfundenen künstlerischen Tendenzen. [124])

Die Monodie Scarlattis mit ihren gewandten und
leichten Bewegungen spiegelt sich in unseren einheimi-
schen Kantilenen. Die charakteristischen Merkmale derselben sind: die punktierte Note, die Triole (sizilianisch),
die Neigung zum Presto. Im Cambise, 3. Akt, entwickelt sich ein Dialog von 4 Personen in rhythmischem
Gesang, und die Stimmen, eine primitive Form von Concertato, vereinigen sich in der Kadenz. Die Arie der
Deidamia im Pirro hat lebhaften dramatischen Ausdruck.
Der Komponist will den Sinn des Wortes: „Addio" wiedergeben, kann die musikalische Periode aber nicht voll-
enden, weil die Person von heftigem Schmerz übermannt
wird und beendigt sie deshalb mittels des Orchesters.
Dieses Stück hat wegen der scenischen Wahrheit kein
Da Capo und die Begleitung hiervon ist völlig unabhängig von der Stimme; der Canzonettentypus verschwindet
allmählich soweit, dass die Melodie sich nicht eurhythmisch
entwickelt, sondern eine gewisse Unterbrechung zwischen
den einzelnen Motiven bemerkbar ist, welche gut geeignet ist, den Zustand eines gequälten Gemütes auszudrücken.

67)

Ger - ma - no   ger - ma - no   ger-

(Bruder — leb wohl!)

Eine ähnliche Idee leitete Pergolesi beim Komponieren der Schlusskadenz der Arie: „Vidit suum" und Rossini in den letzten Takten des Othello; später eignet es sich Wagner im Lohengrin am Schlusse seines Werkes an. In der Litteratur findet sich ein ähnliches Beispiel im Orlando Furioso:

> Nè men ti raccomando la mia F i o r d i . . .
> Ma dir non potè l i g i.
> (Auch ich empfehle dir meine F i o r d i . . .
> Aber er konnte nicht mehr sagen „ligi".)

Unzweifelhaft steht die Melodie Scarlattis mit jener Carissimis und Provenzales in Verbindung; unser Künstler aber giebt ihr nicht nur eine künstlerische Entwicklung und leichtere Form, sondern belebt sie auch mit einem Hauch des Dramatischen und Menschlichen. Die Arie ist ein Verharren des Geistes auf einem bestimmten Objekt, eingenommen von einem gewählten Bilde, liebt dieselbe Einheit des Tones und analoge Modulationen; das Rezitativ dagegen bringt verschiedene Bilder, verschiedenartige und entgegengesetzte Gefühle, und zieht daher mit Erfolg Verschiedenheit der Tonarten und rasche harmonische Uebergänge vor. Diese Idee leitete die alten italienischen Meister in der Kunst der Komposition im allgemeinen und des Rezitativs im besonderen. Der erste Meister ist Scarlatti. Dieser gebraucht, um seinen Zweck zu erreichen, vielleicht im Uebermasse den verminderten Septimenakkord, sodass er im Hörer einen Zustand der Unruhe hervorruft. Dieser Akkord, dank dem temperierten System, welches gestattet, die tonale Beziehung des Intervalles zu verändern, ohne den Ton

selbst zu wechseln, wie z. B. die grosse Sext in die verminderte Septime zu verwandeln, erhält dadurch den Vorzug, in 4 verschiedene Tonarten zu modulieren.

68) Cantata: Andate, o mici sospiri.

ben lo sa-prà   lo saprà se di-te   che per a-ver ri-storo al suo do-lo-re

(er wird es wohl wissen, wenn ihr sagt, dass er um für seinen Schmerz
Linderung zu finden . . .)

Obwohl hier ein Intervall als verminderte Septime
bezeichnet ist, so ist doch der erste Eindruck hiervon
jener der grossen Sext, weil das Ohr die Harmonie auf
die bekannte Tonart bezieht, aus der sie entsteht. So
wird, zum Unterschiede von der c h r o m a t i s c h e n
Modulation, in der man die neue Tonart nach dem
e r s t e n A k k o r d bestimmt, von der e n h a r m o -
n i s c h e n die neue Tonart nach dem z w e i t e n Akkord,
d. h. jenem der Auflösung bestimmt.

Das auserlesene Wirken Pergolesis in diesem Genre
ist bemerkenswert, und ich verweise daher nochmals auf
das herrliche Rezitativ seiner Kantate Orfeo. [125])

Es scheint mir fast überflüssig, zu bemerken, dass die
g l e i c h e s c h w e b e n d e T e m p e r a t u r von unseren
Meistern ohne jede Beschränkung angenommen wurde
und ich weise darauf hin, dass Provenzale in seiner Arie:
„Morirò", die ich vorher angeführt habe, die B moll-Ton-
art wählt, wie Scarlatti später bei seiner Komposition:
„Povera pellegrina". [126])

Ich erlaube mir hier eine kurze technische Besprechung, um das historische Moment der Orchestrations-
kunst zu charakterisieren. Die älteste Oper Scarlattis,
welche ich kenne, ist: Pirro und Demetrio, Neapel 1634.
Im Orchester herrscht noch das Cembalo mit dem bezifferten Bass vor; wo er die Begleitungsarten angiebt,

sind sie lebhaft und mannigfaltig. Allmählich fügt er dem
Streichquartett die Flöten, Oboe und Fagott, die Hörner
und Trompeten hinzu. Den Bass verstärkt er durch den
Calascione (ein in Unteritalien gebräuchliches, der Mando-
line ähnliches Instrument) und die Laute: eine Spur der
Anfänge des Melodramas. Die technische Entwickelung
des Quartettes in der Unabhängigkeit der Stimmen ist
für jene Zeit etwas Ungewöhnliches. Provenzale war ihm
darin schon vorausgegangen und ist vielleicht dieses der
Grund, warum Scarlatti sein Schüler genannt wird.

Provenzale führt mit lebhaften Figuren die Violinen
bis zum hohen C, dagegen Scarlatti lässt sowohl die
ersten als die zweiten Violinen ohne Unterschied bis zum
E über der Linie, 3. Lage mit ausgestrecktem 4. Finger
gehen. Aehnlich gebraucht er die Viola bis zur 3. Lage
auf der A-Saite, das Violoncell dagegen geht bis zur
5. Lage auf der ersten Saite.

Die Trompete geht bis zum 16. harmonischen Ton,
wie später bei Bach und hier und da bis zum 18. Es sind
das für unsere modernen Bläser ziemlich ungewohnte
Töne. [127])

69) Prig. fortunato, I. Akt, Arie der Alceste.

Das Waldhorn dagegen geht bis zum 16. harmonischen Ton, d. h. bis zum B. Der Umfang des Fagottes
ist vom tiefen D bis zum hohen G, über 2 Oktaven.
Einige Stücke für dieses Instrument zeigen, dass man
dafür wenigstens vier verschiedene Schlüssel anwendete.
Die Arien werden mit ästhetischem Gefühl begleitet; er
wählt die für den Charakter der Kantilene passenden
Instrumente. Bald hört man zwei Trompeten, bald zieht
er den sanften Ton der Viola d'amore vor, bald begleitet das Violoncell die Stimme, bald teilt er die
Violen in zwei. Wir befinden uns in der Epoche des
trefflichen Corelli, und Scarlatti schreibt für ihn eine obli-

gate Violinstimme zu einer Arie der Oper Berenice, 1701.
Oft teilt er das Quartett in zwei Abteilungen, die eine
bildet das Echo der anderen, einer der Orchestereffekte
der Alten. Manchmal bildet er ein kleines Orchester aus
Kontrabässen, Violoncellen und Lauten, denen ein anderes ähnliches kleines Orchester antwortet, wie in der
Gartenscene im Prigioniero fortunato. Die Oper Tigrane,
1715, ist reich an orchestralen Details. Man findet darin
ein Konzert für 2 Oboen, 2 Hörner und 1 Fagott, ausser
dem völlig unabhängigen Quartett; eine Sonate, Gladia-
torenkämpfe, Märsche und Tänze. [128]) Ungefähr 50 Jahre
lang wurden die Ouverturen Lullis, oder wie die Franzosen schreiben: Lullys, in den Theatern Italiens aufgeführt,
weil ein grosser Teil unserer Komponisten es für überflüssig hielt, solche eigens für ihre neuen Opern zu schreiben. Die Form dieses symphonischen Stückes ist nach
dem wörtlichen Ausspruche Rousseaus folgende: „Elles
sont composées d'un morceau traînant appellé grave,
qu'on joue ordinairement deux foit, et d'une reprise sau-
tillante appellée gaie, la quelle est communément fuguée:
plusieurs de ces réprises rentrent encore dans le grave en
finissant". Die Italiener fühlten, wenn auch etwas
spät, [129]) die Notwendigkeit, sie abzuändern und komponierten sie in drei getrennten „tempi"; sie hiess Sinfonia
da camera, wenn sie nicht zu einer Oper gehörte. Sie hat
die Form unserer Sonate; indem man das Minuetto und
das Scherzo hinzufügte, bekam man die Sinfonia da concerto. Die Symphonien Scarlattis, welche mir bekannt
sind, haben alle drei Teile; und, wenn er nicht der Erfinder hiervon war, so gab er doch ihrer Form und ihrem
Inhalt eine viel grössere Vollendung. Jene des Prigioniero fortunato ist für die Geschichte der symphonischen
Musik ein Beispiel von grossem Wert und verdient bekannt zu werden. Die scenische Handlung hat chevale-
reske Züge. Der starke Aceste zeigt sich in der ersten
Scene als Sieger und fordert seine Krieger beim Ertönen
kriegerischer Instrumente auf, zu frohlocken. Die Sym-

phonie ist der musikalische Prolog, das Resumee des
Melodramas. Der erste Teil wird kühn durch das Ertönen zweier Paare von Trompeten eingeleitet, welche
sich gegenseitig antworten und wahrscheinlich im Orchester getrennt aufgestellt waren. Es ist das Zeichen
zur Schlacht. Darauf folgt ein lebhaftes Thema mit punk-
tierten Noten abwechselnd zwischen den ersten und zweiten Violinen, gleichsam ein Schwertergeklirr. Der
Kampf wird lebhafter und die Trompetenstösse in der
Kadenz folgen in kurzen Abständen und mit wechselnder
Stärke aufeinander.

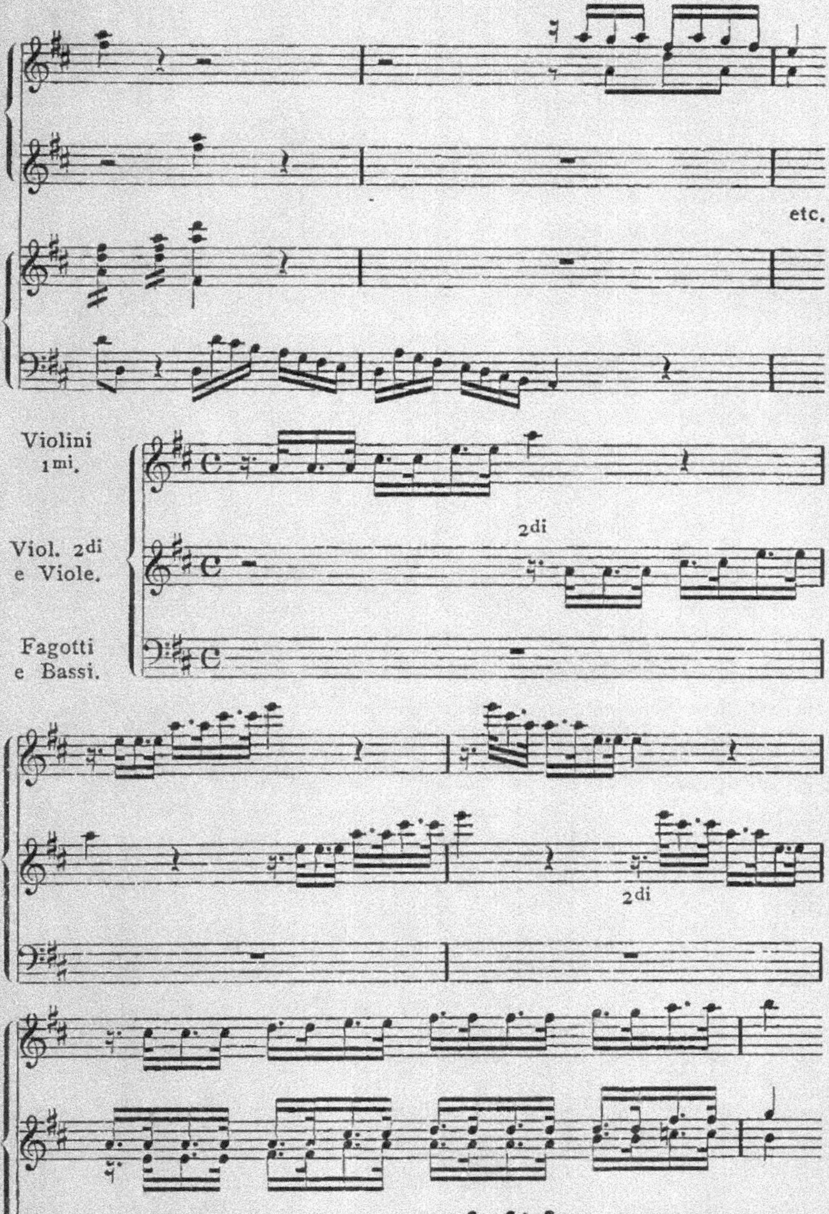
etc.
Violini
1mi.
Viol. 2di
e Viole.
Fagotti
e Bassi.
2di
2di

Der zweite Teil ist ein Adagio und es scheint mir, dass der Autor darin das Wehklagen der Gefallenen ausdrücken wollte. Das Fagott hat darin ein eigenes Motiv und in der Kadenz, welche ich anführe, ist es mit einer einzigen Violine verbunden. Die Komposition schliesst mit einem Triumphmarsch; die zwei Trompeten treten wieder auf, aber mit Siegestönen. Die gewohnten tanzenden Rhythmen sind verschwunden, desgleichen die scholastischen Formen des Fugato und des basso continuo. Die Musik erhebt sich aus eigener Kraft zu einem ästhetischen Ausdruck und erhält eine relative Richtung, weil sie die scenische Handlung vorbereitet und von derselben Charakter und Bedeutung erhält. [130])

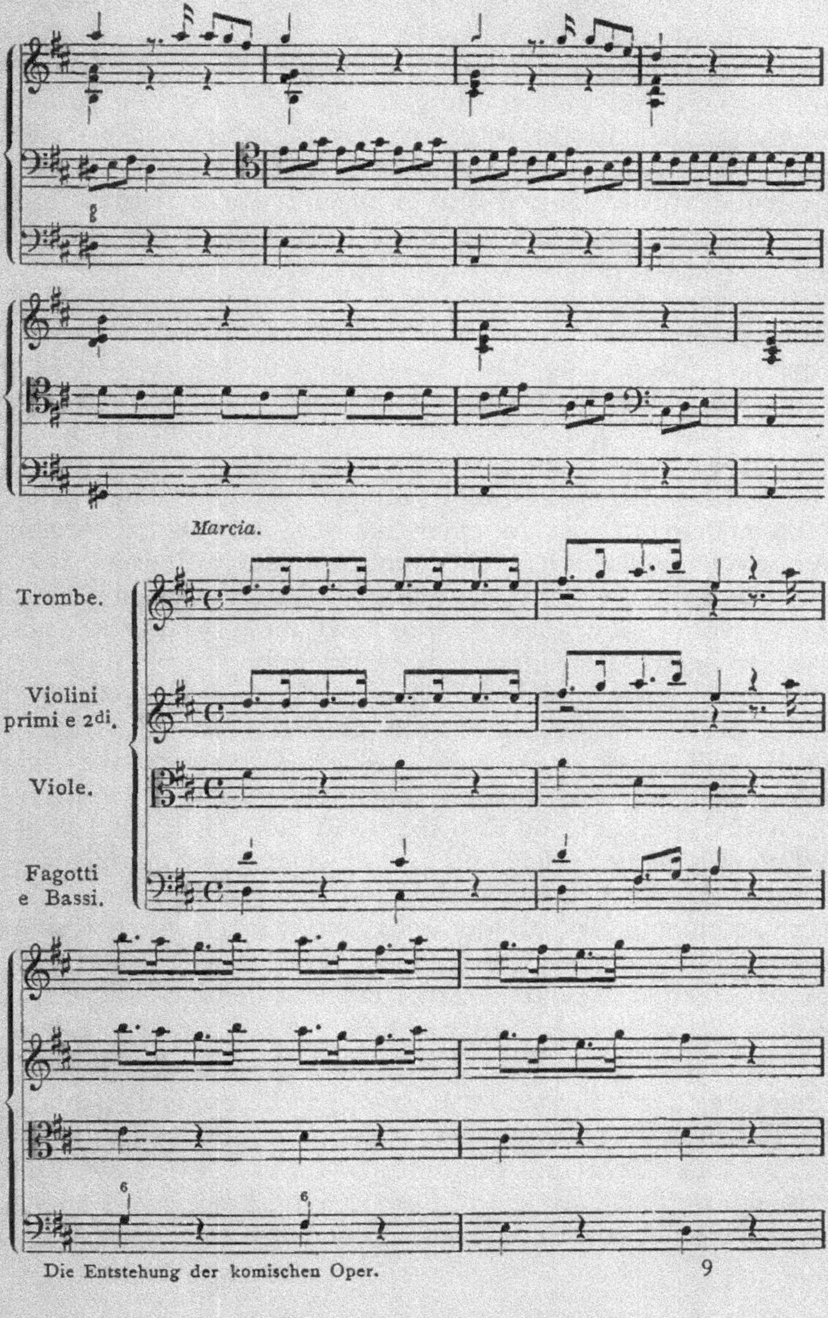
Marcia.
Trombe.
Violini primi e 2di.
Viole.
Fagotti e Bassi.
6
6

Wenige Künstler hatten wie er die Gabe, die orchestrale Färbung so intensiv zu empfinden. Er empfindet sie
nur zu sehr und weil er oft von einem Motiv, von einem
symphonischen Effekt eingenommen ist, welcher der Rolle
entspricht, so ist dies manchmal zum Schaden der melodischen Natürlichkeit, indem er in eine etwas schwulstige
und übertriebene Ausdrucksweise verfällt. In den Arbei-
ten Scarlattis finden sich Anläufe zu Neuerungen, für
welche sich nicht wenige seiner Nachfolger als die Erfinder ausgaben. Die herrliche Arie des Appio in der
Oper: La Caduta de' Decemviri: „Ma il mio ben che fa"
wird von Streichinstrumenten begleitet und die Violinen
sind in vier Stimmen verteilt. Die Singstimme ist ganz
unabhängig und giebt allein den Sinn des Textes wieder.
Die nicht weniger schöne Kantilene, eine Siciliana: „Po-
vero pellegrino" ist in einer für jene Zeit ganz neuen
Weise instrumentiert. Die Violinen sind auf drei Stimmen verteilt, die Viola ist vom Violoncell getrennt und
dieses vom Kontrabass. Man darf nicht glauben, dass
das Orchester Scarlattis jene Ausdehnung und Mannigfaltigkeit, jene intensive Klangfarbe, jene orgelartige
Fülle besitzt, welche sich von Spontini an entwickelt;
sie ist lückenhaft, stückweise. Allein wenn auch die Geschichte streng den Entwicklungsgang verfolgt, so ist sie
doch auch gerecht und darf nicht auf das Glück Rücksicht
nehmen, welches nicht immer einsichtsvoll und richtig
lohnte. Scarlatti und Rossini sind die grössten Beispiele
der Geschichte des Melodramas; sie zeigten einer Reihe
von nicht weniger tüchtigen Künstlern den Weg, und
Pergolesi und Bellini bezeichnen die beiden keuschen
Stufen des dramatischen Gesanges. [131])

Wie alle wirklichen Genies hat unser Meister den
Charakter des Leichten, d. h. sein Schaffen erscheint nicht
als Resultat eines ermüdenden Kampfes mit der Materie,
sondern als leicht und gewandt, das gleichsam aus nichts
hervorbringt; denn wo diese Leichtigkeit nur Frucht
einer technischen Fertigkeit ist, bedingt sie einen Man-

gel an schöpferischer Kraft. Scarlatti, geboren in Tra-
pani in Sicilien 1653, starb in Neapel am 24. Oktober
1725. In seinem wirkensreichen Künstlerleben schrieb
er über 100 Opern, 200 Messen; von den 35 Kantaten,
welche seinem Freunde Andrea Adami gewidmet sind,
komponierte er täglich eine; er schrieb 20 mehrstimmige
Madrigale, eine grosse Zahl von einstimmigen Kantaten,
von Tocaten für Klavier und Orgel, Serenaden und Kanzonetten, Solfeggien, Fugen und bezifferten Bässen. Das
ist der Tribut, den er der Kunst zollte und von ihm gilt
das Wort, das Quintilianus zu Ennius sprach: „Ein alter
Wald, dessen hohe Eichen mehr Ehrfurcht als Entzücken
einflössen". [132])

Anmerkungen.

---

[1]) Pandolfo Collenuccio aus Pesaro übersetzte in Terzinen den Amphitryon, welcher 1487 im herzoglich Esteschen Theater aufgeführt wurde gelegentlich der Hochzeit Lucrezias von Este mit Annibale Bentivoglio. So wurden auch alle anderen Komödien des Plautus in der ersten Hälfte des XVI. Jahrhunderts veröffentlicht. Jene des Terenz wurden in Prosa übersetzt von Giambattista da Borgofranco und in Venedig 1533 bei Vitale herausgegeben.

[2]) Ich erwähne einige von den Akademikern von Siena verfasste Komödien: L'amor costante („Die standhafte Liebe") des Stordito Intronato (A. Piccolomini), zum ersten Male bei der Ankunft des Kaisers in Siena 1531 aufgeführt; Gli Scambii („Die Verwechslungen" des Aperto Intronato [Belis. Bulgarini], Siena 1611; die Floria des Arsiccio Intronato (Ant. Vignoli), Florenz 1560.

[3]) Die Nachahmung der Alten führte zu sonderbaren Darstellungen. G. C. Scaligero, in seiner Komödie La Valigia („Der Koffer") bringt einen Chor von Zwiebeln und Knoblauch, als Nachahmung der Frösche und Wespen des Aristophanes.

[4]) Im Riscatto d'Amore des Cav. Martij (Venedig, 1618), sagt Scaramuccia, ein boshafter und ausgelassener Wirtshausjunge, beim Abschied zum Publikum: „ . . . Wir haben euch wohl Appetit ge-„macht mit dieser Hochzeit, aber die Zunge bleibt euch eine Spanne „weit heraushängen; freilich, die Damen hier lüde ich ein zum Essen; „aber wie? Ich bin so klein und könnte nicht alle bedienen und sie „haben doch so grosse Mäuler . . ."

[5]) Eine Ausnahme machen die „Mandragola" des Macchiavelli, die „Calandra" des Bibbiena, der „Assiuolo" des Cecchi und der „Ipocrita parassito" des Aretino. Der „Assiuolo" hat, was die Schürzung des Knotens betrifft, nichts mit der antiken lateinischen Komödie gemein; er scheint eine Vereinigung verschiedener Novellen des Dekameron zu sein, jener ergiebigen und lebensfrischen Quelle

der Komik und der Charaktere; Molière kann ein Lied davon singen.
Die dritte Novelle des dritten Tages hat nicht nur Molière die Idee
zu seiner Komödie: „L'Ecole de Mars" gegeben, sondern diente auch
Lopez de Vega Carpio in der „Disgreda enamorada"; Georges Dandin
des französischen Komödiendichters entstand aus „Arriguccio Berlin-
ghieri" und aus dem „Tofano".

⁶) Bezüglich der Themata für Sujet-Komödien erinnere ich an
die „50 giornate" des Teatro Scenico von Flaminio Scala, Neapolitaner, Flavio genannt.

⁷) Die italienischen Komiker in Paris inspirierten Molière mit
ihren improvisierten Komödien zu vielen Komödien und Schwänken.
Siehe Riccoboni, Observations sur la Comédie, namentlich: Livre
second, article cinquième: Examen de la Comédie des Fâcheaux;
article septième: Du dénomment; article huitième: De l'imitation.

⁸) Die Atellanischen Fabeln, eine Art Komödien oder Schwänke,
hatten ihren Namen von Atella in Campania. Wahrscheinlich waren
sie den improvisierten Komödien ähnlich, welche sowohl durch ihren
volkstümlichen Charakter, als durch Art und Sprache an das
griechische Satyrspiel erinnern.

⁹) Bei den Ausgrabungen von Pompeji fand man eine Maske,
welche dem Pulcinella sehr ähnlich ist, jene des Macco. Die alten
Schriftsteller sprachen von einer Maske mit einer Kleidung von
bunten Lappen, wie der Arlecchino, welche, wie es heisst, den Namen
Zanni von Samnier annahm und welche, wie Cicero sagt: toto corpore
ridetur. Im Columbarium der Freigelassenen des Augustus fand sich
folgende Inschrift, welche auf die Maske des Doktors hinweist:
Caesaris lusor — Mutus Augustus — imitator — Ti. Caesaris Augusti.
Qui — Primum venit causidicos imitari. — Ueber die Masken siehe
Allacci, Quadrio,- Napoli Signorelli, Ginguené, d'Origny, Saffi. Ein
vollständiges und wichtiges Werk ist das von Ficoroni: De larvis
scenicis et fuguris comicis antiquae Romae (Rom 1736); ferner
Köhler, „Masken, ihr Ursprung" . . . (Petersburg 1833). D'Ancona,
Origini del teatro in Italia, sagt: „sie müssen sich mittels der Mimen
und Gaukler des Mittelalters an die antike italische Komödie anschliessen".

¹⁰) Man darf hier daran erinnern, wie Strabo im 5. Buche behauptet, dass die lächerlichen Rollen (in den Atellanen?) in oskischer
Sprache dargestellt wurden: Cum defecerient Osci lingua tamen apud
romanos ut poemata quaedam, et mimi osca lingua in pulpito certis
ludis agantur. Im Penulus des Plautus ist eine ganze Scene in pu-
nischer Sprache. In unserem Schauspiel werden die komischen
Rollen in neapolitanischem Dialekt gesprochen.

¹¹) Ang. Ingegneri, Della poesia rappresentativa, Bergamo 1604.

¹²) Die Panfila, oder der Demetrio des Antonio da Pistoia, in
Terzinen, wurde am Hofe Hercules I. von Ferrara aufgeführt mit

Kanzonetten am Ende der Akte. In einem Schwank eines gewissen Damiano (Siena 1519) sang eine Person, Namens Orpheus, mit Begleitung der Lyra, gefällige Kanzonetten, und vom Chor wurde dann ein Madrigal aufgeführt. Fontanini citiert die Komödie in Versen, die Amicizia des Jacopo Nordi, und versetzt ihre Aufführung in das Jahr 1494. In dieser Komödie wurden vier Stanzen „auf der Lyra vor den Herrschaften gesungen". Ich gebe hier die ersten zwei Verse:
Salute, o Santo Seggio, eccelso e degno,
Da quel, da cui ogni salute pende.
(Heil dir, o heiliger, erhabener und würdiger Thron, von dem, von welchem alles Heil stammt.)
Es giebt noch ein älteres Beispiel: die Posse des Sannazaro, in Neapel am 4. März 1492 vor dem Illmo Duca di Calabria im Saale des Castel Capuano aufgeführt. Letizia wird von 3 Gespielinnen begleitet, welche die Viola, Cornamusa, Flöte und eine Ribeca (Saiteninstrument) spielten. Letizia sang und spielte die Viola und fügte alles aufs Lieblichste zusammen. Nach dem übereinstimmenden Urteil der berühmtesten Musikgelehrten, Fétis und Coussemakers, wurde am Hofe Karls II. von Anjou, in Neapel 1285 ein Hirtenspiel in Musik von Adamo de la Hale, oder de la Halle, genannt der „Bucklige von Arras", wegen seiner körperlichen Missgestalt und seines Geburtsortes, mit dem Titel: „Li Jeu de Robin et de Marion" aufgeführt. In diesem Hirtenspiel findet sich das Ritornell einer Ballade von Perrin d'Angecourt, einem Vorgänger des de la Halle, über denselben Stoff:
Robin, m'aime, Robin m'a . . .
Robin m'a demandée, si m'avra.
Sei es nun eine Nachahmung des Hirtenspieles von Angecourt oder nicht, das von de la Halle gehört zur provençalischen Kunst, welche bei ihrer Entstehung auf schwachen Füssen stand. Die Musik dieses Hirtenspieles besteht aus Kanzonetten im Volkston. — Saint-Priest, in der Hist. de la conq. de Naples, ist der Erste, welcher dasselbe erwähnt: il parait qu'on jouait la comédie. Die neapolitanischen Historiker und Annalisten kennen es nicht. — Vergl. De Coussemaker: „Drames liturgiques au moyen âge".

[13]) Die „Istituzioni harmoniche".

[14]) Ein Schriftsteller jener Zeit, der Israelit de Sommi aus Mantua, in seinem Werke „Di rappresentazioni sceniche", giebt den Darstellern Anleitung: wenn einer einen Dummkopf vorstellt, müsse er öfters den Blöden noch mehr forcieren: Fliegen fangen, Flöhe suchen, . . . und die Darstellerin der Dienerin muss es verstehen, die Schürze auf laszive Weise zu schütteln.

[15]) Man bemerke, welch hervorragende Rolle die Musik in den Zwischenakten der Komödie spielte, die in Florenz am Stefanstage 1565 bei der Hochzeit Don Francesco de Medicis mit Johanna von Oesterreich aufgeführt wurde: Komposition von M. Alessandro Striggio und aus-

geführt von doppelten Gravicimbeln, 4 Streichviolen, 2 Posaunen, 2 Tenor-
flöten, einem „stummen" Kornett, einer Traversflöte, 2 Lauten, welche
mit sehr schönen Ricercaten (Kompositionen) der Scene des Wagens,
den Horen und den Grazien Zeit liessen, sich auf ihre bestimmten
Plätze zu begeben. — Da viele und verschiedene Instrumente angewendet wurden, ist es klar, dass der Autor die Idee hatte, musikalisch
die scenische Handlung zu begleiten und zu unterstützen. Die In-
strumentalmusik ist älter als man glaubt. De Nores, in der Poetica,
III. Teil, VI. Kapitel (Padua 1588) schreibt: „Den Chor haben wir
der Komödie nicht zugeteilt, und jetzt wird er auch ausgelassen, und
statt des Chores hat man die Musik eingeführt". — Antonio Minturno,
„Della Poet. Tosc.", lib. II, pag. 157: „statt des Chores sang nach
beendigtem Akte einer allein, mit Begleitung der Piva (Sackpfeife)
oder der Cornamusa (Schalmei), um die Zuschauer zu unterhalten
und zu ergötzen, bis die Schauspieler, die hineingegangen waren,
wieder herauskamen".

16) De Nores, Discorso intorno alla poesia, pag. 36. Padua, 1587.

17) In jeder der Komödien des Terenz liest man: Modos fecit,
mit dem Namen dessen, der den musikalischen Teil der Komödie
hinzugefügt hatte. Die komischen Dichter wurden der Musik wegen
gelobt oder getadelt. Im Prolog der Erica wollten die Feinde des
Dichters ihn vom Studium, von der Anstrengung und der Musik
abwendig machen: „Ab studio, atque ab labore, atque arte musica".
De Nores, in der Poet. III. Teil, VI. Kapitel, sagt bei der Abhandlung über die Teile und den Umfang der Komödie: „Der Prolog ist
„die ganze erste Einleitung des Stückes, welche sich vom Anfang bis
„zum ersten Musikstücke ausdehnt. Die Episode ist jener ganze Teil
„vom Beginne des ersten Musikstückes bis zum Schlusse des letzten.
„Der Schluss (Esodo) ist der letzte Teil der Komödie, nach dem
„letzten Gesange und Spiele der Musiker". Als Beispiel bezieht er
diese drei Abschnitte auf den „Autontimorumenos" (den „Bestrafer
seiner selbst") des Terenz.

18) G. Andres, Delle origini, dei progressi di ogni letteratura,
sagt, sie sei 1591 aufgeführt worden; wann und wo die Arteaga aufgeführt wurde, weiss man nicht.

19) Ungenau. Um eines zu erwähnen, im Sagrifizio (Opfer) des
Agostino de' Beccari aus Ferrara, ist die Scene des Priesters mit dem
Chor, in Musik gesetzt vom Maestro Alfonso della Viola (1553).
Vecchi will wahrscheinlich von einer scenischen Handlung reden,
welche ganz mit Musik begleitet war. Bis auf neuere Dokumente
müsste das für wahr gelten und man sehen, ob man der Daphne die
Priorität einräumen darf oder nicht. Es giebt kurze S c e n e n ohne
Dialoge, Intermezzi, wie der Combattimento di Apollo col serpente
(Der Kampf Apollos mit der Schlange) von Rinuccini, welche Luca
Marengio in Musik setzte, nicht Caccini, wie viele glauben. Sie

werden von 2 Chören 12stimmig gesungen; aufgeführt wurden sie für die: Commedia rappresentata in Firenze — nelle Nozze del Serenissimo Don Ferdinando Medicie madama Christiana di Lorena. — In Venezia, 1591 — Appresso Giacomo Vincenti. (Komödie, aufgeführt in Florenz bei der Hochzeit des Durchlauchtigsten Herrn Ferdinand Medici — und Frau Christiana von Lothringen — in Venedig, 1591 — bei Giacomo Vincenti.) Indessen ein scenisches Werk, in dem man versuchte, Monologe und Dialoge in Musik zu setzen, kannte man vor dem Anfiparnasso nicht.

[20]) Siehe: Storia critica dei Teatri von Napoli-Signorelli, II. Buch, IV. Kap. und den Risorgimento d'Italia, von S. Bettinelli, 1. Teil, 4. Kap. Beide Autoren glauben, dass sie in Venedig 1597 aufgeführt wurde; dieses Datum bezieht sich auf die Herausgabe, und das nuovamente posto in luce, welches auf dem Titel steht, lässt eine andere frühere Ausgabe vermuten. Bemerkenswert ist, dass die älteste Oper volkstümlichen Ursprung und Charakter hat.

[21]) Viele glaubten beim Lesen dieses Pipiripì, 5stimmig, dass sich in der Oper ein Chor von Vögeln befinde als Nachahmung des Aristophanes. Der Historiker F. Clément nennt Vecchio einen Vorläufer Offenbachs. Wenn der heitere Kanoniker, statt der Madrigal-Polyphonie, den monodischen Kanzonettenstiel angewendet hätte, wäre er allerdings ganz und gar ein Vorläufer desselben gewesen.

[22]) Burney, in seiner Musikgeschichte, giebt den sogenannten Monolog des Lucio: „Misero, che farò" (Ich Armer, was soll ich thun) vollständig als 5stimmigen Chor.

[23]) Als ungefähren Zeitpunkt der ersten Versuche der Monodie kann man das Jahr 1575 annehmen, und als Urheber Giulio Caccini.

[24]) Dieses würde an Titus Livius erinnern, welcher das cantare ad manum erwähnt, das heisst singen, während ein anderer spielt, und cantare ad tibiam, singen während ein anderer begleitet.

[25]) Vecchi lernte die Musik von einem Servitenmönch von Modena, mit Namen Salvatore Essenga. Tiraboschi bemerkt, aus den Akten des Kapitels von Correggio, dass er ein Kanonikat in der Kathedrale dieser Stadt am 15. Oktober 1586 erhielt. 1596 setzte er sich in Modena fest, 1598 erhielt er das Amt eines Kapellmeisters des herzoglichen Hofes und der jungen Fürsten. Einzelne geben als das Jahr seines Todes 1604, andere 1605 an.

[26]) Vor der Euridice wurde im „neuen Stil" das Hirtenspiel Dafne von Rinuccini, in Musik gesetzt von Corsi und Peri, aufgeführt (1594), jedoch die Partitur hiervon ist verloren gegangen. Ich besitze hiervon das Textbuch, gedruckt in Florenz, 1600, bei Mariscotti, mit einer Lobesode von Corsi. — A. Biaggi, La musica nel cinquecento, bemerkt: „Wir haben hier zum drittenmal das Datum 1594; das Todesjahr Palestrinas; die letzte Oper im Madrigalstil (Anfiparnasso); die erste Oper der Reform, im sogenannten Rezitativ-

oder Rappresentativ-Stil (Dafne). Um meine Meinung ehrlich zu
sagen, ich halte mich an das Vorhandene, nachdem die Musik der
Dafne verloren gegangen ist, und beginne notgedrungen mit der
Euridice."

[27]) Clemens Jannequin ist der Verfasser der „Schlacht von
Marignano", der „Einnahme von Bologna", des „Gesanges der
Vögel", der „Jagd des Hirschen und des Hasen". Diese Art von
Kompositionen, stets „choral", hat als Gegenstand die materielle
Nachahmung; so ahmen in der „Schlacht von Marignano" die Stim-
men kriegerische Töne und Geräusche nach.

[28]) Das lächerliche der Formen ist das Groteske, es besteht also
in der Verzerrung und dem Läppischen. Bei den Antiken war es beliebt; Zeuge hiervon ist Aristophanes in den „Vögeln", „Fröschen"
und „Wespen". Groteske Figuren sah man in den Grotten (daher
der Name), in den Gebäuden und als Gegenstände des Luxus.

[29]) Diese Unachtsamkeit haftete nicht nur der melodramatischen
Kunst an. In der „Hochzeit von Kana", einem Meisterwerk Paul
Veroneses, sind die Personen in den Kostümen seiner Zeit, venezia-
nisch. Watteau malt Lucretia im Augenblicke des Selbstmordes in
Kleidern seiner Zeit.

[30]) M. G. B. Giraldi Cinthio, Hecatomithi, Venedig, 1593, vol. II,
weist im Dialog der vita civile (bürgerliches Leben) auf diese
Korruption hin: „Da die Musik auf dem Gipfel des Unanständigen
angelangt ist, wie wir sie jetzt sehen, und die Worte so zwischen die
Noten gesetzt sind, dass man nur allein das Geschrei hört, ohne den
Sinn davon zu verstehen, . . . so wäre es besser, ohne sie zu sein,
als sich ihr hinzugeben." — Giraldi hatte nicht das Glück, den Chor
der Juden zu hören, welcher im Anfiparnasso folgende Verse sang:
„Oth zochorot, Astach mustach, iochut, zorochos, calamala Ba-
lachot . . ." Was hätte er dazu gesagt? Die Florentiner Gesellschaft
hatte recht, wenn sie nach so viel „Flämischem" ein wenig in die
Familie zurückkehrte, zur griechischen Kunst, zu jener des Ausdrucks,
welche den Sinn des Wortes wiederzugeben suchte. Leider wäre
auch heutzutage nur zu sehr diese Gesellschaft wieder am Platze, die
Rückkehr in die Familie!

[31]) Im „Inganno vinto dalla ragione" (dem durch die Vernunft
besiegten Irrtum) von Apostolo Zeno, mit Musik von A. Lotti, heisst
es bei seiner Aufführung in Neapel im neuen Theater S. Giovanni dei
Fiorentini (1708), in einer Anmerkung: „Arrangirt von Sign. Giuseppe
Vignola, Organisten der kgl. Kapelle von Neapel, welcher die komischen Scenen und viele Arien hinzufügte." — Vignola sucht dem
„Benigno lettore" (dem wohlwollenden Leser) gegenüber sein Werk
durch die Notwendigkeit zu rechtfertigen: „gezwungen durch die
Zeit, den Ort, die Darsteller und den Geschmack der Zuhörer".

[32]) A. Minturno, Della Poet. Fosc., lib. II, pag. 75 (Neapel, 1725), sagt darüber: „Wenn wir Horaz glauben, so erfand der Verfasser der Tragödie auch die Satire, indem er mit dem tragischen Ernst das Satirspiel und das Lachen verband, um nach dem Opfer das betrunkene und gesetzlose Volk zurückzuhalten. Daher bekam die Tragödie, welche von Anfang an einfach und rein war, allmählich neben den ernsten Personen auch heitere zur Unterhaltung . . .“

[33]) Man ist nicht weit von der Wahrheit entfernt, wenn man annimmt, dass heute in hundert Jahren nicht wenige unsere gegenwärtige Kunst kritisieren werden. Man vergegenwärtige sich, mit welcher Melodie, mit welcher Wirksamkeit der Zeichnung und der Farbe der Tod Siegfrieds, der verräterisch von der Lanze Hagens in den Rücken getroffen wird, vertont ist: eine herrliche Stelle Wagners; sodann jener des Marquis Posa, der erschossen wird; Semiramis von ihrem Sohne Arsaces unfreiwilligerweise verwundet, stösst nur einen einzigen Schrei aus: „Oh Gott!“ und stirbt. Wer hat recht?

[34]) Nur zu volkstümliches Lachen. Im Melodrama des Silvio Stampiglia: Mario fuggitivo (Marius auf der Flucht), komponiert von Francesco Mancini (Neapel, Theater S. Bartolomeo, 1710), sind die komischen Personen Flora, die Verlobte des Bleso, Corporals des Publio. Im I. Akt, 13. Scene, nimmt Flora eine Prise Tabak und singt dazu folgende Ariette:

> Oggi dì
> Va così;
> Tutte quante lo volemo,
> E chi grosso, e chi sottile,
> Chi di Spagna, e chi Brasile (sic)
> Per spassarci il male amor (Ah!)

(Heutigen Tags geht es so; alle wollen wir ihn, die einen grob, die andern fein, die Spaniol, die Brasil, um uns die schlechte Laune zu vertreiben.)

[35]) A. Ademollo, Il carnevale di Roma, pag. 14. Rom, bei Sommaruga.

[36]) Die Orontea des Cesti wurde 1674 in Neapel aufgeführt, mit der „Musica rinnovata di un terzo“ (Musik von einem Dritten neu bearbeitet) und mit vielen Aenderungen im Libretto. Wir werden in der Folge darauf zu sprechen kommen.

[37]) Diese Rolle darf nicht Wunder nehmen. — Im „König Lear“ des englischen Tragöden, hat dieser Unglückliche in allen Scenen, wo er von seinen Leiden spricht, den Narren zur Seite, mit seinem geistreichen Humor, mit seinen jovialen, und manchmal auch unzeitigen Spässen.

[38]) In der Orontea des Cesti ist diese Stelle sehr hübsch komponiert. Burney bringt in seiner „Geschichte“ hiervon ein Fragment: „Schlafe, schlafe“. Aehnlich der Theoretiker G. Crotch in seiner Ab-

handlung: Modelli di varii stili (Modelle verschiedener Stile). Fétis dagegen, in seinem „Vollständigen Traktat der Theorie und Praxis der Harmonie", zieht dieser Scene den Rezitativ-Gesang: „Intorno all' idol mio" vor. V. „Les Gloires d'Italie" von Gevaert.

³⁹) Im „Inganno scoperto per vendetta" (durch Rache entdeckten Betrug), Singspiel von F. Silvani, mit Musik von G. Perti, aufgeführt in Modena im Privattheater von Decio Fontanelli, im November 1631, giebt die Alte Arpina mit ähnlichem wirksamen Ausdruck folgenden praktischen Rat:

> „Imparate, o donne vecchie,
> Che il prurito
> Di marito
> Non conviene a questa età."

(Lernet, ihr alten Frauen, dass die Lust an Männern diesem Alter nicht ziemt.)

⁴⁰) Das Werk Cirillos ist noch gänzlich unbekannt.

⁴¹) Dem „Prolog" der Oper geht eine kleine Introduktion, dreistimmig, Violinen und Bass, vorher; sie schliesst auch mit einem andern Stück für Instrumente. Im allgemeinen ist der Gesang, wie in allen Opern jener Zeit, von einem „Bass" unterstützt, ausgenommen die Ritornelle, einige Arietten und einzelne Abschnitte, welche dreistimmige Begleitung haben. Die von mir angeführten Beispiele sind genau nach dem Manuskript.

⁴²) Zu bemerken ist, dass die scenische Handlung nicht aus Kanzonen und Madrigalen, sondern hauptsächlich in Rezitativgesang besteht, einem wichtigen Teil des Dramas, weil er der einzige ist, welcher der Erzählung, dem Dialog, dem „diverbio" (Zwiegespräch) entspricht, wie Doni sagt; von diesem „Gesang" findet sich im Anfiparnasso auch nicht die Idee. Stets waren die öffentlichen Schauspiele von Kanzonetten und Madrigalen begleitet.

⁴³) Quadrio, Della storia e della ragione poetica, libro III.

⁴⁴) Fétis sagt über diesen Meister: „Cirillo Francesco — dramatischer Komponist, welcher in Neapel gegen das Ende des XVII. Jahrhunderts lebte, ist bekannt durch 2 Opern, welche in dieser Stadt aufgeführt wurden: 1. Orontea, Königin von Aegypten (1654), 2. Il ratto di Elena (1655). — Die 2 Opern wurden von Roberto Mollo gedruckt. Bei der Orontea ist gesagt: sie wurde mit neuer Musik von Francesco Cirillo bereichert. Vergl. Allacci, O. c. C. 585. — Das Archiv unseres Konservatoriums besitzt wahrscheinlich ein Autograph dieser Oper aus jener Zeit. Das Datum 1654 ist von fremder Hand geschrieben. In dem Manuskript heisst es „Cirillo", nicht „Cirilli".

⁴⁵) Zwei Schriftsteller behandeln dieses Thema: G. B. Doni, welcher im „Trattato della musica scenica" seinen Ursprung mitteilt, wobei er sich aufs lateinische Theater beruft; und Perrucci, welcher

es dagegen ziemlich präzis klassifiziert in seiner Abhandlung über die „Arte rappresentativa" (darstellende Kunst), Neapel 1699.

⁴⁶) „ . . . peu à peu on y joignit des Intermèdes qui n'y avoient point de rapport; tantôt ces Intermèdes étoient détachés l'un de l'autre, et chacun faisit une action; mais très-souvent trois ou quatre Intermèdes faisoient une action suivie, qui donnoit un grand agrément à la Pièce". Riccoboni nennt in einer Anmerkung folgende Intermezzi: „L'aurora ingannata" (Arteaga nennt es „L'amore ingannato"), eine Fabel für die musikalischen Zwischenspiele im Filarmindo, Schäferstück, Venedig, 1606. — Glauco schernito, Fabel in Musik für die Zwischenakte des Corsaro Arimante, Vicenza, 1610. — „Dafne conversa in lauro": Intermezzi, in Musik von Ottavio Vernizzi, Organist von S. Petronio, für die Amorosa innocenza, tragikomisches Hirtenspiel. — In Bologna, 1623. Siehe Réflexions historiques et critiques sur les différents théâtres de l'Europe. Théâtre Italien, pag. 38. Paris, 1738.

⁴⁷) In der seltenen und korrigierten Ausgabe der Werke Rousseaus, Paris 1827, steht: „Aufenthalt einer Gesellschaft von italienischen Komikern (bouffons) vom Monat August 1752 . . . . während dieses Aufenthaltes von 20 Monaten führten sie 12 Komödien oder Intermezzi auf. Ich nenne die hauptsächlichsten: ausser der Serva padrona wurden aufgeführt: La finta cameriera von Atella; La scaltra governante von Cocchi; La zingara von Rinaldo da Capua; Il paretaio von Jomelli und I Viaggiatori von Leo". Der Verleger Garnery bemerkt: „Der Erfolg dieser Intermezzi war nicht immer gleich; sie genügten jedoch, um unsere Nation mit einer Musikgattung bekannt zu machen, von welcher sie bisher keine Idee hatte". Marmontel sagt dasselbe; er erkennt es an, dass die Serva padrona den Franzosen als Schule diente. Siehe die Broschüre von De Villars, La serva padrona, son apparition à Paris en 1752.

⁴⁸) 1545, im Palast des Fürsten von Salerno, welcher stets das Proszenium im Saale bereitstehen hatte, liess derselbe von neapolitanischen Edelleuten die Komödie der Intronati von Siena: Gl' ingannati, aufführen, deren erste Vorstellung in jener Stadt 1531 stattfand. Aus dem 1. Buche der Stoire von Antonio Castaldo wissen wir, dass er selbst den Prolog sprach, Luigi Dentice, Antonio Mariconda und Scipione delle Palle spielten die „Diener" mit „bewundernswerter Grazie", G. B. Braucaccio den „Verliebten" „sehr gut", G. F. Muscettola den „Giglio spagnuolo"; Fabrizio Dentice „Pasquella" und Castaldo selber „Straqualcia" . . . Der zeitgenössische Chronist fügt hinzu, dass Zoppius, ein berühmter Musiker und Kritiker jener Zeit, für auserlesene Musik und auch für das Zusammenspiel der Instrumente sorgte, wodurch die Musik wahrhaft „himmlisch" wurde, hauptsächlich, weil Dentice mit seinem Falsett, Pasquella und Brancaccio mit seinem Bass förmlich Wunder wirkten. Luigi Dentice,

ein tüchtiger Musikschriftsteller, im 2. Dialogo sulla musica, Neapel, bei Matteo Canger 1552, neugedruckt ein Jahr später in Rom bei Vincenzo Lucrino, erwähnt lobend Brancaccio und Scipione delle Palle oder Palla, aber er tadelt offen einen, der Sopran sang und verschweigt seinen Namen „aus Rücksicht für die Person". Vielleicht ist es sein Vetter Fabrizio Dentice, welcher in der genannten Komödie die Rolle Pasquellas spielte. All dies beweist, dass unsere Musikfreunde mit Vorliebe sich der Kunst des Gesanges widmeten. — Gregorio de Micillis in der „Vita di Nico Capasso", geboren im September 1671, sagt: „Zu jener Zeit stand die Komik in hohen Ehren, da man sie notwendig für die öffentlichen Darstellungen glaubte.

⁴⁹) Bezüglich der Farse Cavaiole, siehe Studii di storia letter. napolitana von Francesco Torraca, Livorno, 1884.

⁵⁰) Einige Vorstellungen hiessen „königliche Opern", „königlich-komische Spiele". Gennaro Sacchi, mit dem Künstlernamen Coviello, 1687, schrieb eine „heroisch-tragisch-satyrisch-komische" Oper.

⁵¹) Napoli-Signorelli, „Vicende della coltura" ecc., Fom. V. Arti e spettacoli, sagt: Die erste mir bekannte Komödie in Musik trägt das Datum 1710 und heisst: „Le fenziune abbenturate" (Die glücklichen Täuschungen) und wurde im Theater der Florentiner gesungen. Sie hat zum Gegenstand eine bürgerliche Handlung, mit Wahrheit und Energie dargestellt, sowie mit der dem heimatlichen Dialekt eigentümlichen Grazie. Das Theater der Florentiner wurde die beliebteste Bühne für die komische Oper. Celano giebt an, dass das Theater S. Giovanni dei Fiorentini (so genannt, weil es in der Nähe der Kirche gleichen Namens lag) von den spanischen Komödianten erbaut wurde, von denen in jener Zeit berühmte Gesellschaften aus Spanien kamen. Siehe: „Delle notizie del bello, dell' antico e del curioso della Città di Napoli, 5. Tag. — Benedetto Croce bemerkt bezüglich des Patrò Calienno: Der Autor desselben war ein pseudonymer und unbekannter, gewisser Agasippo Mercotellis. Siehe Anm. 4 Seite 234 seines Werkes: I teatri di Napoli. 15.—18. Jahrhundert.

⁵²) Spellecchia, ein hässlicher Beiname für eine arme, sehr elend aussehende Person; Razzullo, wahrscheinlich Typus für Schreiber.

⁵³) Ich gebe den Titel eines komischen Intermezzos von ihm: Il Mondo alla Moda (Die moderne Welt), Capriccio comico di Smaccotofano Perlincanciandela, dedicato a Sua Deformità Mostruosissima ((Sr. monstruosesten Hässlichkeit) il Sig. Duca (dem Herrn Herzog), Lucio Pallabocca (Kugelmund), Marchese de' Spaccamonti (Grafen der Bergspalter), gran ciamberlano dei Fanfaroni (grosser Kämmerer der Aufschneider). Vielleicht eine Satire?

⁵⁴) Der Text lautet wörtlich: „Essennome attocata arremidiá na chellato co no secutario dereto, ca n' haggio potuto fa de meno." (Da ich eine Kleinigkeit in kurzer Zeit zu liefern hatte, konnte ich es nicht unterlassen, zudem ich von befugter Seite hiezu angeeifert wurde.)

⁵⁵) Nach dem Jahre 1704 gab man auf unseren Bühnen viele Dramen von venezianischen Dichtern und Komponisten, welche schon früher aufgeführt worden waren, darunter jene von Ap. Zeno. Dieselben wurden dem lokalen Geschmacke angepasst und dafür neue Rollen und Intermezzi geschaffen. Siehe die Anmerkung betr. den „Inganno vinto della ragione".

⁵⁶) Die älteste bekannte ist von N. Maresca: „La Diana a lo lavenaro" (ein schmutziges und ordinäres Viertel von Neapel), gedruckt 1706. Ich bemerke ein für allemal, dass das Werk von B. Croce „I teatri di Napoli" mir sehr von Nutzen war.

⁵⁷) Capaccio bemerkt, der neapolitanische Dialekt sei von den Spassmachern als etwas Lächerliches auf die Bühne gebracht worden. In den Komödien Portas ist der Neapolitaner als komischer Typus gewählt. Derselbe heisst bald Giacoso, ein alter und dummer Vater vom Lande, bald Panorfa, eine thörichte und arme Person, welche sich für adelig, reich und mutig ausgiebt.

⁵⁸) Unter den Meistern der venezianisch-römischen Schule war Cesti der populärste auf unseren Bühnen.

⁵⁹) In den Dramen von Apostolo Zeno, zum Unterschiede von jenen Metastasios, begegnet man häufiger den Pezzi concertati. Der Temistocle endet mit einem vierstimmigen Concertato; im Lucio Papirio, 1. Akt, 11. Scene, ist ein Duett zwischen Papirio und Quinto Fabio, in der 14. Scene ein Concertato zwischen Cominio, Marco Fabio und Lucio Papirio. Im 3. Akt ein 2. Duett zwischen Papirio und Quinto Fabio und die Situation ist dramatisch. Florino findet, bezüglich des in der ernsten Oper wenig oder nicht vorhandenen Concertato, als Ausnahme, ein Quartett in der Didone abbandonata des Metastasio. Das scheint mit Absicht gesagt zu sein, denn in der Didone ist nicht nur kein Quartett, sondern es fehlt sogar das gewohnte Duett, welches der Dichter fast in jenes scenische Werk einfügte. Siehe: La Scuola mus. di Napoli, vol. III, 3. Anm. pag. 29.

⁶⁰) Regole armoniche, 2. Aufl., Venedig 1797, pag. 130. Im 6. Kap. Dello stile serio, rät er, dass man in den Finali nicht so viele Personen auftreten lasse.

⁶¹) Hieraus erklärt sich auch die Notwendigkeit des komischen Elementes in der Tragödie vor Einführung der komischen Oper. Jeder kann beobachten, wie die ernste Oper jener Periode heutzutage vollständig vergessen ist, weil sie an kaltem Konventionalismus litt, nicht so aber die komische Oper. Die Orazzi Cimarosas sind so veraltet, dass sie nicht mehr bestehen können, das Matrimonio segreto

(Heimliche Ehe) dagegen hat sich erhalten und ist in manchem Stück nicht übertroffen worden.

⁶²) P. Sebastian Paoli behauptet in seiner Vorrede zur Merope des Maffei, Neapel, 1713, es sei eine Korruption, die unter den Menschen entstand, die Liebe mit der Tragödie zu verbinden. Dasselbe verleihe dem tragischen Ernste einen Charakter von Geschwätz, welches nicht oder nur wenig passend sei. Diese Autoren modellierten ihre tragischen Personen in einer sonderbaren Weise; es war ihnen nicht einmal erlaubt, zu lieben.

⁶³) Der Canto a figliola ist oft ein Zwiegespräch zwischen Volkssängern; einer antwortet darin auf die spitzfindigen und thörichten Fragen des anderen mit noch grösserer Lebhaftigkeit.

⁶⁴) Im Scenarium der Trappoleria des G. B. Della Porta, am Ende des 16. Jahrhunderts, ist unter den Personen ein Pulcinella als Kaufmann.

⁶⁵) Volkstümlicher und ordinärer Ausdruck, zusammengesetzt aus pacche, d. h. Hinterbacken und dem Adjektiv secche, magere. In dieser Weise wird eine unansehnliche, dürre Person, ein Segaligno (eigentlich „Holzsäger", gleichbedeutend mit dem deutschen „Hopfenstange"), ein Schlechtgenährter, bezeichnet.

⁶⁶) Innocenzo Fuidoro bemerkt in den „Giornali mus.", bei der Erzählung der täglichen Begebenheiten vom Jahre 1661—1680, dass im Karneval 1680 „dalli Musici della Capella Regia un' opera in musica e la composizione è stato posta nella città di Venetia, dove si fa professione porticolare di queste sceniche rappresentazioni in musica (von den Musikern der königlichen Kapelle eine Oper in Musik aufgeführt und die Komposition in der Stadt Venedig, wo man besonders diese scenischen Aufführungen in Musik pflegt, verfertigt wurde).

⁶⁷) Siehe Salvator Rosa, Rivista Musicale Italiana, I. Band, 3. Heft.

⁶⁸) Monteverde dachte im Alter von 67 Jahren daran, der Oper einen selbständigen Sitz, ja ein Tribunal im öffentlichen Theater zu geben, da er sah, dass für sie Paläste, Höfe und Akademien nicht mehr genügten.

⁶⁹) Celano bestätigt dies in der Giornata quinta der Notizie del bello, dell' antico e del curioso nella città di Napoli: Der Graf von Oñatte hatte die Komödien in Musik auf venezianische Art eingeführt und liess sie im Palaste aufführen; vom Salone des königlichen Palastes gingen sie bald in das Theater S. Bartolommeo über, welches deshalb mit grossem Aufwand umgebaut wurde . . . In diesem traten die ersten Gesellschaften Italiens, ausser den neapolitanischen, auf, unter welchen sich hervorragende Vertreter dieser Kunst befanden.

⁷⁰) In der Vorrede Al Lettore des Dramas: Teseo ovvero l' incostanza trionfante (Theseus, oder die triumphierende Unbeständigkeit), Dichtung von Gregorio Chiave, aufgeführt in Neapel 1658 und von den „Armonici", dem Vizekönig D. Garzia d' Haro, Grafen von Castriglio gewidmet, stehen wichtige Notizen über Provenzale: „Dieses Mal hast du ein Drama, welches dir gefallen muss. Der Dichter ist ein grosser Künstler (Greg. Chiave), noch mehr aber der Komponist der Musik, der Sig. Francesco Provenzale, dein neapolitanischer Unterthan, welcher dich mit Ciro, Herse und Artemisa erfreute, dies aber noch viel mehr in diesem Werke thun wird, worin er versucht hat, die Lebhaftigkeit seines Geistes zu zeigen. — Dieser dein Neapolitaner könnte glauben machen, dass die Opern der veneto-römischen Schule das Publikum nicht mehr befriedigen können, und die Einladung Provenzales, ein viertes Bühnenwerk zu komponieren, beweist seine früheren glücklichen Erfolge in diesem Stil". — Nehmen wir an, dass er die genannten Opern in Zwischenräumen von je einem Jahre komponiert hat, so fällt Ciro auf das Jahr 1655, wenn nicht früher, wo der Ratto di Elena von Cirillo, ein Jahr nach der Orontea aufgeführt wurde. Können wir behaupten, das erste Werk Provenzales sei Ciro, und dass Cirillo nur zwei Opern komponiert? In mir befestigt sich der Zweifel immer mehr, ob nicht die neapolitanische Oper älter ist, als man glaubt. Napoli-Signorelli, Parrino und Celano sprechen von der Adoptierung der Musik nach venezianischer Manier im Jahre 1652; aber das bezieht sich auf das öffentliche Schauspiel. Ein anderes Bühnenwerk Provenzales ist Stellidaura, Libretto von dem sizilianischen Dichter And. Perucci, welches im Saale des Vizekönigs 1678 aufgeführt wurde. Im Teseo wird die komische Rolle von dem herkömmlichen Stotterer vertreten; in der Stellidaura dagegen ist es ein Diener aus Calabrien, Namens Gianpietro, welcher in seinem heimatlichen Dialekte singt.

⁷¹) Ich wäre bezüglich Provenzales bei der öffentlichen Meinung geblieben, hätte ich nicht zwei seiner melodramatischen Werke studiert. Dies verdanke ich Herrn Professor Adolf Berovin, dem Bibliothekar der Accademia di S. Cecilia (Rom), welcher mich damit bekannt machte. Diese sind: Stellidaura vendicata und Lo schiavo della sua moglie, zwei Manuskripte aus jener Zeit. Im Schiavo, am Schlusse der letzten Seite, steht: „F. Provenzale fecit anno Domini 1671; darauf folgt: G. Veneziano, Schüler von S. M. d. L. (Santa Maria di Loreto) aus Neapel schrieb es 1675".

⁷²) Für das Dialekt-Genre wurden, neben dem Theater do' Fiorentini 1726 noch zwei andere Theater errichtet, jenes der Pace, an dem die erste aufgeführte Oper die Mogliere fedele von Vinci war; das andere war im Viertel „Montecalvario" und hiess Teatro Nuovo; dasselbe wurde mit Simmele von Saddumene eröffnet, mit Musik des Maestro Orefice. Das erstere hatte wenig Glück und bestand nur

kurze Zeit; das andere bis nach 1860, und pflegte mit Erfolg hauptsächlich die komische Oper. Die letzten Werke in diesem Genre,
welche glänzenden Erfolg hatten, sind die Precauzioni von Petrella.
1851; Piedigrotta von L. Ricci 1852. Der Text dieser beiden Melo-
Komödien ist von Marco d' Arienzo.

[73]) Die erste Musik von Scarlatti wurde im königlichen Schlosse
1684 aufgeführt und hiess Pompeo. Der Verfasser war damals
25 Jahre alt.

[74]) Er gab oft das Rezitativ ganz mit Instrumentalbegleitung und
es bekam ungenauer Weise den Namen recitativo obbligato. Das
Rezitativ von Scarlatti, wenige und belanglose Beispiele abgerech-
net, war nur vom Basse unterstützt, welches System dem komischen
Genre verblieb.

[75]) Er war in Rom Schüler Carissimis.

[76]) Bei der Besprechung Pergolesis werden wir diese Kadenz
studieren.

[77]) Der Umstand, dass man in der genannten Oper nur ein
einziges Beispiel hiervon findet, welches vielleicht das erste ist, lässt
vermuten, dass der Meister entweder wenig Wert darauf legte, oder
dass er fürchtete, es mit der alten Schule ganz zu verderben. —
Siehe La musica vocale in Italia von Gevaert.

[78]) Dem Leser kann es beim Lesen dieser Beispiele vorkommen
(so gross ist ihre Aehnlichkeit mit jenen von Rossini), als müsste
darauf die Arie des Mustafà, oder das Duett zwischen Rosina und
Figaro folgen. Man darf nicht vergessen, dass Paisiello, Cimarosa
und viele andere bei der Komposition des Rezitatives nur den alten
Meister nachahmten.

[79]) Diese Schreibweise, um von moderneren Komponisten nicht
zu reden, ist genau dieselbe, deren sich Adolf Hasse bediente. Siehe
das Oratorium: I Pellegrini al Sepolcro.

[80]) Gevaert, in seinem: Nouveau traité d'instrumentation, erschienen bei Lemoine, Paris, 1885, pag. 158, sagt: La première apparition dans la musique orchestrale remonte au commencement du
sècle dernier; on le trouve, sous non nom français, dans l'opéra
Rinaldo de Haendel (1711). Mais le vieux maître, comme son im-
mortel émule Sébastien Bach, n'exhibe le basson que de loin en loin,
et presque exclusivement pour renforcer les basses du quatuor. — Das
Beispiel Scarlattis ist älter als dasjenige Händels, um fast 11 Jahre;
dieser gebraucht es nicht, um den Bass des Quartettes zu verstärken,
sondern offenbar zu einem ästhetischen Zwecke, da er fühlt, dass die
Klangfarbe der mittleren Töne des Fagottes humoristisch zu einer
musikalischen Karikatur verwendet werden kann.

[81]) Das Da Capo ist eine der Säulen des musikalischen Gebäudes,
und in vielen musikalischen Formen ist es noch im Gebrauche.
Einige schreiben Cavalli das Verdienst der Erfindung zu. In seiner

Oper Erismena, 1655, in der Arie des 2. Aktes: „Aprite il sereno dé vostri begli occhi" liest man das Da Capo, ich bemerke jedoch, dass der zweite Teil der Arie weder von dem ersten getrennt, noch so verschieden ist, dass die Wiederholung gerechtfertigt erschiene. Scarlatti beendigt den zweiten Teil in einer dem ersten analogen Tonart und unterscheidet diesen von jenem durch harmonische und melodische Abwechslung. Wie für das obligate Rezitativ, so auch für das Da Capo, giebt Scarlatti sein besonderes Beispiel in der Oper Teodora, aufgeführt zu Rom 1693.

⁸²) Cambise, Drama in 3 Akten von Domenico Lalli, Musik von Cavaliere Alessandro Scarlatti — Opus 111, aufgeführt im Theater S. Bartolommeo mit komischen Intermezzi. Auf der 1. Seite steht die Jahreszahl 1719, im 2. und 3. Akt ist dagegen das Jahr 1718 angegeben.

⁸³) Ich fürchte, man glaubt vielleicht, diese Citate seien bloss zum Zwecke von Anmerkungen und Verbesserungen angeführt. Ganz im Gegenteil. Wie in der Biologie, der Wissenschaft des Lebens, die Natur nicht in Sprüngen vorwärtsschreitet und man von der Zelle zum Menschen gelangt, durch eine lange Reihe von Wesen hindurch, so ist es auch in der Ordnung des Geisteslebens. Der wirkliche Künstler zeichnet sich nur aus, weil er mehrere Glieder der fortlaufenden Reihe formt und in sich begreift, allein das erste Glied muss mit dem unmittelbar vorhergehenden verbunden werden. Ich bin ein entschiedener Evolutionist. Ein Kunstwerk isolieren heisst, die Geschichte vergessen, die Traditionen abreissen, und was noch schlimmer ist, eine übertriebene Sucht nach Originalität schaffen, so dass man glauben könnte, es sei möglich, dass ein Kunstwerk ganz aus einem Stück aus dem Kopfe entspringe, wie das fiat lux in der Bibel. Man soll es nur wissen, dass es unmöglich ist, auf dem Felde der Kunst auch nur einen Schritt zu thun, ohne mit anderen in Berührung zu kommen; dass der Fortschritt im Fortsetzen besteht und es nicht genügt, fortzuschreiten, die Hauptsache ist, dass man sich aufrecht erhält, fällt man dann nieder, so bleibt einem immer noch das Alte; am Ende ist alles Menschliche alt, und das Neue oft bizarr. Die Kunst ist ein junger Sprössling der hochbetagten Eiche.

⁸⁴) Die hübsche Melodie Povera pellegrina, welche viele für eine Kammerkantate halten, ist aus dem Prigioniero fortunato. Am Schlusse dieser Abhandlung werde ich Gelegenheit haben, den bedeutenden Komponisten zu erwähnen.

⁸⁵) Fago hatte, 17 Jahre alt, Scarlatti im Konservatorium De' Poveri di G. C. zum Lehrer; nachdem er in das der Pietà dé Turchini übergesiedelt ist, setzt er seine Studien unter Provenzale fort. Siehe La Scuola musicale di Napoli von Franc. Florimo, 2. Band, pag. 176.

⁸⁶) Im Libretto heisst es, das Rezitativ und einige Arien, sowie die komischen Scenen seien Kompositionen des sehr jungen Meisters Car. Giordano. Sehr populär ist eine „Cantata pastorale" von ihm: Ninna-Nanna, Chor und Solo. Letztere Arie mit Chor nach Art der Wiegenlieder ist sehr wertvoll, namentlich wegen einiger Rezitative, welche den rhythmischen Gesang vorbereiten. Sie wird seit vielen Jahren in der Novene vor Weihnachten in der Kirche S. Domenico Maggiore in Neapel aufgeführt.

⁸⁷) In unserm Archiv befindet sich die Originalhandschrift von Vincis Werk, und der Meister schreibt auf der ersten Seite, er habe es am 20. November 1721 beendet. Florimo behauptet, ich weiss nicht warum, es sei 1721 aufgeführt worden

⁸⁸) Das Hospiz wurde von Fra Marcello Fossattaro aus Nicotera ungefähr 1590 gegründet, um eine grössere Zahl von Kindern aufzunehmen, welche von 2 Lehrern unterrichtet wurden, vom einen in der Grammatik, vom andern im Gesang. Und da Fossataro in der Stadt umherging und für seine Schützlinge Almosen mit dem Rufe sammelte: „Fate carità a' poveri di Gesù Cristo" (Gebt Almosen für die Armen Jesu Christi), so erhielt das Konservatorium den Namen „Pauperum Jesu Christi Archiepiscopale Collegium".

⁸⁹) In dem gedruckten Exemplar der Komödie Le Zite n' galera, Karneval 1722, bemerkt G. Fulci, vielleicht der Impresario, in der Widmung an Lidia Spino von Salmona, Vizekönigin: „ca cierte bote è meglio a sentire quatto chiacchiere de 'naggraziato picciottolo che centomila sentenzie de no gruosso letterummeco" (hie und da ist es besser, ein Werk eines jungen und hübschen Künstlers anzuhören, als hunderttausend Sentenzen eines grossen Literaten).

⁹⁰) 1719, Lo cecato fango von Piscopo, und Le doie lettere von einem anonymen Dichter, 1720; Lo Scassone, 1721, Lo Barone de Trocchia, beide von Oliva; 1723 Le Zite n' galera von Saddumene; 1724 La mogliera fedele (Die treue Frau) und Don Ciccio. Andere Biographen geben an: 1721 le feste napolitane; 1722 La festa di Bacco, ein Schäferspiel. Von allen aufgeführten Werken Vincis ist nur jenes mit dem Titel Le Zite n' galera auf uns gekommen. Als Kuriosum führe ich an, was ich auf der zweiten Seite des Libretto von: „Pubblio Cornelio Scipione" gelesen habe; es ist eine, wahrscheinlich vom Impresario in schöner Rundschrift geschriebene Anmerkung: „Von der Musik dieser Oper verdienten die Impresarien viel, wenn sie jeden Abend der Aufführung auf ihre Kosten kamen . . . !" Der Komponist ist Vinci, das Theater S. Bartolommeo, 1722. — Florimo bezeichnet als Datum 1722, das ist jedoch ein Irrtum. — Das Werk Florimos sollte vollständig revidiert und verbessert werden.

⁹¹) Ich wäre für Nein! Mattei behauptet im genannten „Elogio" Jomellis, die Melodie der Zeitgenossen Vincis sei von einer kindischen Einfachheit.

10*

⁹²) Im Leben vermischen sich abwechselnd Schmerz und Freude, Trübsal und Heiterkeit, ernstes und schmerzhaftes, ideales und realistisches. Versteht man diese Erscheinungen so, dass man hierfür einen gegebenen ästhetischen Ausdruck findet, so hat das Schöne seine eigene und selbständige Art, sich kundzugeben.

⁹³) Siehe 1. Teil, 2. Betrachtung: Dei oizii e dei difetti del moderno teatro (über die Laster und Fehler des modernen Theaters von Laurisco Tagiense Pastore Arcade, Mitglied der Akademie der Arcadier). Rom, 1753.

⁹⁴) Wenn eine Kunst ausartet, bleibt doch im Gefühle des Volkes ein gesundes und menschliches Etwas, wenn es auch vulgär ist. Im 16. Jahrhundert sind unter den wenigen musikalischen Schöpfungen, welche sich ziemlich von den liturgischen und scholastischen Formen jener Zeit unterscheiden, die Canzoni villanesche alla napolitana oder Villanelle bemerkenswert, sowie jene, welche eigens für die Balletti comici komponiert wurden. Siehe die Werke in diesem Genre von Bald. Donato, „Il bell' umore" (Der gute Humor), fünfstimmig, Venedig, 1551, und „L' innamorato" (Der Verliebte), ebenfalls fünfstimmig, Venedig, 1581. Dieses gefällige Stück ist wenig bekannt und studiert; es scheint mir jedoch, dasselbe habe viel zur Erfindung des Melodramas im Allgemeinen und der Oper speziell in Frankreich beigetragen. In manchem „Ballo" finden sich Beispiele von gesungenen Monologen und Dialogen, um die Darstellung, den Tanz, den Chor und charakteristische Canzonetten zu beleben und seien es auch nur mönchische Klagelieder. Siehe den Ballo „La Regina" von Beaulieux und Salmon, aufgeführt zu Paris im Jahre 1581. Der Monolog handelt von Thetis: L'or d'amour; der Dialog zwischen dieser und Glauco: Et qui est cette Nymphe?

⁹⁵) Wagner, welcher die Legenden bevorzugt, welche am geeignetsten sind für das Unbestimmte in der Musik, sucht, soweit es möglich ist, lebende Typen zu verkörpern und wendet sich manchmal auch dem komischen Elemente zu; dies hat er hauptsächlich im fliegenden Holländer, im Parsifal und im Siegfried gethan. Der junge Siegfried, so sehr ihn auch das Schicksal zu grossen Thaten bestimmt hat, ist trotzdem ein komischer Typus. Um den phantastischen Dämon lebendig zu gestalten, bedient sich Wagner des Sarcasmus, des Humoristischen, des Komischen. Eine sozusagen noch grössere musikalische Inkarnation ist jene Bertrams in Robert dem Teufel. Um abzuschliessen, da ich vom Gegenstand abzuschweifen fürchte: um wie viel mehr zeigt sich nicht Mozart, der italienische Deutsche, als Neuerer und Humanist im Don Giovanni und in Figaros Hochzeit, als im Titus?

⁹⁶) So lange die moderne Klarinette nicht vervollkommnet war, vertrat die Oboe ihre Stelle; nach Lulli, fast ein Jahrhundert lang, vertritt sie allein die Familie der Rohrblas-Instrumente. Zur

Zeit Bachs war ausser den Oboen und dem Englischhorn, der alten
Oboe da caccia, die Oboe d'amore im Gebrauch. In der Partitur
seiner H moll-Messe vereinigt Bach die Oboen d'amore mit drei
Trompeten. Die Klarinette wird von der 1. Symphonie Beethovens
an, komponiert 1800, in der symphonischen Musik unentbehrlich;
Mozart verbindet in seiner Jupitersymphonie in C dur, 1788, die Oboen
mit den Klarinetten. Spontini erkennt den vollen Wert der Klarinette an, welche sich ohne Ausnahme in seinem Orchester findet.
Siehe die Vestalin.

[97]) Die Trompete findet sich in der dramatischen Instrumentation schon seit 1607 vor, wo Monteverde die Ouverture des Orfeo
für 5 Trompeten schrieb; sie tritt wiederum in Eteocle und Polinice
des Venetianers Legrenzi 1675 auf; oft und mit Geschick am Ende
dieses Jahrhunderts, in dem Orchester Scarlattis.

[98]) Thatsächlich würde die 11. Teilung das Verhältnis11 ergeben,
während F, als Quart von C, durch 4 dargestellt werden müsste.
Führt man beide Bruchteile auf dieselbe Benennung zurück, indem
man die Bezeichnung des ersten Bruchteils mit 3, jene des zweiten
mit 8 multipliziert, so hat man 33, resp. 32; daraus folgt, dass der
elfte Bruchteil der Saite einen höheren Ton als F ergiebt. Siehe
Teoria Musicale ecc. von Luigi Mascitelli. Vol. I, pag. 336, Neapel
1866—1880.

[99]) Ungefähr 22 Jahre nachher wurde die Melokomödie Saddumene's vollkommen umgearbeitet und abgeändert, mit vielen Stellen
in Italienisch vom Notar Pietro Trinchera und bekam den Titel
Olimpia tradita. In Musik gesetzt, vier Arien ausgenommen, von
Matteo Capranica, Kapellmeister in Neapel, wurde sie im Winter 1746
im Theater de' Fiorentini aufgeführt. Die vier alten Arien, mit Musik
von Vinci, welche in der Partitur verblieben, sind: das Lied Ciccariellos; Vorria addenventare; seine Cavatina: Si masto mio („wenn
mein Meister"); eine Arie Colangelos und eine andere von Rapisto.

[100]) Rossini hat auch dieses geniale Missgeschick, aber seine
Entlehnungen sind so ausgedehnt und erheben sich zu solcher wunderbaren Grösse, dass seine Vorgänger meistens Handlanger zu sein
scheinen, welche an diesem grossen Bau mithalfen, er selbst aber der
Architekt, der Erfinder des Ganzen. — Die Meister der Originalität
mögen nicht lachen, wenn ich sie daran erinnere, dass das „verlorene
Paradies" Miltons aus dem Adam Andreinis entstanden ist, dass der
Orlando furioso eine Fortsetzung des Orlando innamorato ist, dass
die Komödien, von Plautus angefangen, auf den Wegen ihrer Vorgänger wandeln.

[101]) Ich fürchte, dass man mir ins Ohr flüstert, ich mache in
Chauvinismus. Was liegt daran — ich bediene mich der Worte Pan-
zacchis, welcher sagt, indem er von Rafael Sanzio spricht: „Er bildete
die Kraft der Franzosen, der Spanier, der Engländer, und aller Nati-

onen", während jenes fortwährende Selbstbedauern, jene stete Ver-
demütigung angesichts der Vorwürfe von allen Seiten, uns in einen
sehr misslichen Zustand versetzt hat. Dazu bemerke ich: Wir loben
oft erst unser Eigenes als gut, nachdem die Andern es schon als gut
passieren liessen.

¹⁰²) In Wahrheit ist von seinem Charakter, seinem intimen
Leben, fast nichts bekannt. Ein Biograph aus den ersten Jahren
dieses Jahrhunderts spielt, ohne die Quellen anzugeben, auf sein un-
regelmässiges Leben an, als die Hauptursache seines Todes (A. Maz-
zarella da Cerreto, in der Biografia degli uomini illustri del regno di
Napoli, herausgegeben von Gervasi, A. III, 1816).

¹⁰³) Dieses erhellt aus der Widmung des Werkes an den
Fürsten San Severino von Bisignano.

¹⁰⁴) Die Textworte lauten: „Te s' avisa, ca non se ll' è cagnato
autro, se non che ccierte poch' arie" („Wir bemerken dem Leser,
dass nur einige wenige Arien geändert wurden"). Die Musikbeispiele,
welche ich anführe, gehören ausnahmslos der im Jahre 1732 aufgeführten Oper an.

¹⁰⁵) Leider gehört die Virtuosität, als Stimmgymnastik, dem
ernsten Genre an. Um ein Beispiel anzuführen, kann man es im
Don Giovanni von Mozart und in der „Heimlichen Ehe" Cimarosas
wahrnehmen, dass die ernste Arie Gesangsverzierungen hat, die
wenig ästhetisch sind, zum Unterschiede von der komischen, welche
keine hat. Man vergleiche die Arie Ottavios: „Il mio tesoro", namentlich die Wiederaufnahme des Themas, eingeleitet von einem echten
Klarinettenvokalizzo, mit der hübschen Arie Zerlinas: „Vedrai
carino"; jene der Elisetta: „Se son vendicato", deren erster Teil
einen Vokalizzo von 13 Takten über die letzte Silbe von Fedeltà hat,
mit der gefälligen komischen Arie Carolinas: „E vero che in casa".
Sicher nur den ersten Virtuosen zuliebe liessen sich solche ausgezeichnete Komponisten verleiten, mit diesen Arabesken ihre Melodien zu verderben; was sollen wir aber sagen, wenn man derlei in
der Kirchenmusik findet? Ist es nicht zum Staunen, wenn in der
H moll-Messe von Bach, um nur eines anzuführen, das Laudamus
eine Sopranarie von einer Melodie begleitet ist, welche wenig oder
gar nicht für Kirchenmusik passend ist. Wie kann man Mozart ver-
teidigen, wenn er in seinem Requiem über die Worte Kyrie eleison
eine tonale Fuge komponiert und zwar nicht im vokalen, sondern
im verzierten Stil? Das muss man doch kontrapunktistisches Vir-
tuosentum nennen. Und nicht wenige Aussetzungen werden an der
„Messa di Requiem" Verdis sowie am „Stabat" Rossinis von solchen
gemacht, von denen man glauben möchte, sie stünden mit Gott
Vater in Korrespondenz, um zu erfahren, welche Kompositionsweise
von ihm vorgezogen werde. Es ist ein historisches Gesetz, dass eine
tote Kunst nicht wieder auferstehen kann.

¹⁰⁶) Er sagt mit Emphase: „Federico und Pergolesi, in einem Werke vereint, geben uns zu bedenken, was im Theater von Athen ein Menander und Thimoteus zu stande gebracht hätten, wenn sie zusammen gearbeitet hätten". Dieses musikalische Genre ist wenig bekannt. Felix Clément erwähnt in seinem Dictionnaire Lyrique, welches nicht wenige Notizen über weniger wertvolle und sehr mittelmässige Opern hat, nur den Namen und die erste Aufführung.

¹⁰⁷) Siehe cap. II, pag. 50 und 51, Paris 1772. Vallat la chapelle.

¹⁰⁸) Doni sagt (im „Discorso sopra il recitar in iscena con l' accompagnamento degli strumenti musicali", welcher Camillo Colonna gewidmet ist und einen Teil des Bandes: „Annotazioni á generi ed a' modi, Rom 1640" bildet): die Unvollkommenheit der scenischen Musik bestehe darin, dass man versuche, die Erzählungen der Boten, die langen Reden und Zwiegespräche zu komponieren, anstatt den Gesang ausschliessilch auf die Chöre und einige Monologe (Arien) von grösserem Affekte zu beschränken. Er fährt fort: Wenn jemand etwas daran auszusetzen haben sollte, dass man vom gesprochenen Worte zum Gesang übergeht, so bedenke er, dass in Mantua einige Handlungen, welche der Herzog Ferdinand (1615) aufführen liess, grossen Beifall errangen. Dieselben wurden an gewissen Stellen gesungen und an anderen rezitiert. Auf dieselbe Weise wurde der „Mimo" des Paters Stefania im Römischen Kolleg aufgeführt". In einer anderen Schrift „della melodia de' Cori tragici", Jacopo Bucardi gewidmet, unterstützt er sein Argument mit einem Beispiel aus neuerer Zeit. „Anlässlich der ‚Troas' des Seneca, welche in diesem Karneval (in Rom) aufgeführt wurden, und zwar grossen Teils im antiken Stile, lässt man nicht die ganze Handlung, sondern nur die Cantica singen. Ausgenommen die Chöre . . . und das um so mehr, als die Musik dem Sig. Virgilio Mazzocchi übertragen ist". — Der Florentiner Kritiker, ein so grosser Bewunderer Peris, geht einen Schritt rückwärts und tadelt die Florentiner Meister, da sie ein vollständig gesungenes Drama schaffen wollten. Man muss beim Sammeln der Urteile Donis über seine zeitgenössischen Künstler ziemlich vorsichtig sein; er lobt die „dotta Camerata" aus Lokalpatriotismus, weil sie eben ausgesprochen florentinisch ist.

¹⁰⁹) Da diese Melodie in Deutschland doch weniger bekannt sein dürfte, gebe ich einen grösseren Teil hievon. (Anm. des Uebersetzers.)

¹¹⁰) Siehe das erste Rezitativ in der Kantate Pergolesis: „Nel chiuso centro"; mit welcher Wahrheit und welchem Ausdruck giebt es den Sinn des Textes wieder.

¹¹¹) Ich citiere Beispiele, welche mir eben im Gedächtnis sind, z. B. das Crescendo in der Arie des D. Basilio; die so rhythmischen und eindringlichen Themen im 2. Akt des Othello von Rossini, ferner eine synkopierte Modulation in der letzten Scene der Lucretia

Borgia. Von Wagner erinnere ich an das Thema, welches die ver-
brecherische Sinnesart der Ortrud vortrefflich wiedergiebt; namentlich im Duett mit Telramund, im Lohengrin; das Thema, welches die
Hammerschläge im Siegfried begleitet. Von Beethoven sei nur die
Pastoralsymphonie gegenwärtig, namentlich im 1. Teil. Von Paisiello, der vielleicht von allen der eindringlichste ist, erwähne ich
das Terzett im 1. Finale der Oper: Il matrimonio inaspettato: „Con
permesso? . . . Lei si serva". Ueber ein kurzes musikalisches Motiv
entwickelt sich ein langer Dialog. Ich kann nicht umhin, auch des
orchestralen Andamento im Rigoletto zu gedenken, wo der unglückliche Vater seine Tochter Gilda sucht. Da Rigoletto von einem
einzigen Gedanken beseelt ist, nämlich von der Furcht, seine Tochter
zu verlieren, ist nur dieses Motiv im Stande, dieselbe auszudrücken;
jedes andere Mittel wäre wahrscheinlich unpassend gewesen.

112) Dieses Terzett, wie auch andere Concertati, muss, vom psy-
chischen Gesichtspunkte aus, ein Duett genannt werden, da es nur
aus zwei verschiedenen Ausdrucksformen besteht. Das Quartett im
Rigoletto ist ein glänzendes Beispiel, nicht nur für die Technik,
sondern auch darum, weil jede Person ihren eigenen Ausdruck, ihr
eigenes Fühlen besitzt.

113) Das Concertato im 1. Finale der Somnambula ist nur eine
Monodie, der Chor ohne jeden ästhetischen Ausdruck, begleitet nur
mit gebrochenen Akkorden.

114) Dieses Gefühl der Einheit des Akkordes ist indirekt hin-
reichend durch die Erfahrung gerechtfertigt. Diese zeigt, dass der
natürliche Ton nur eine einfache Bezeichnung ist, welche aber zusammengesetzt ist, weil er immer von den Tönen der harmonischen
Reihe begleitet wird, und dass der Ton schon an sich Harmonie ent-
hält. Das Gesetz von der Klangfarbe besteht hauptsächlich im Vor-
handensein einer grösseren oder kleineren Anzahl von harmonischen
Tönen, welche den Grundton begleiten (Nebentöne). So giebt es
keine Monodie, ohne dass sie physiologisch von Harmonie begleitet
ist und umgekehrt. Siehe Blaserna: La teoria del suono, conferenza
IX. Blaserna hat für uns die Theorien Helmholtz' leichtfasslich und
populär wiedergegeben, welche die Ansicht Ohns von dem phy-
sischen Grunde des Tones angenommen und mit ausgedehnten
eigenen Untersuchungen und mühevollen Forschungen begründet haben.

115) Ich hätte, der Zeitordnung nach, zuerst die Anfänge des
ernsten Dramas, der Schäferspiele, behandeln sollen; allein ich suchte
nach Originaldokumenten, welche ich nunmehr einzusehen Gelegenheit hatte, und werde daher hierüber, wenn ich Musse und Glück
dazu habe, eine spezielle Studie verfassen.

116) Dieses vom harmonischen Standpunkte aus, melodisch
kenne ich drei: Siehe meine „Introduzione del sistema tetracordale
nella musica moderna", Verlag von Rivordi. Um die volle Bedeutung

der neuen Tonart zu erfassen, genügte es, daran zu erinnern, welche
Beständigkeit die Theorie der Tonarten vom IV. bis XVI. Jahrhundert besass. Man stritt sich um deren Zahl; jeder Theoretiker hatte
eine andere Ansicht, manche beschränkten sich auf vier, andere erhöhten sie auf zehn. Karl der Grosse bestimmte schliesslich, dass
es zwölf seien; Glareano nimmt sie nach zwanzigjähriger Ueberlegung an. Der Pater Penna überlegt es sich noch besser und
nimmt 13 an, Baini gar vierzehn. Und diese verschiedenartigen Tonarten genügten noch nicht, um alle Kompositionen zu klassifizieren,
so dass man für viele kleine Melodien gar keine Tonart angab.
Und da giebt es noch Leute, die diese Tonsphinx beweinen, und zum
Hexachordsystem zurückkehren möchten, welches nie ein wirkliches
System war, sondern nur eine Solfeggienschule, ein Mittel, um den
Musikunterricht zu erleichtern. Wenn es sieben Töne waren, und es
sind noch so viel, aus welchen das Octochordum des Pythagoras gebildet war, das von S. Gregorius und selbst von Guido angenommen
wurde, wie konnten zu ihrer Bezeichnung sechs Silben genügen?
Es war das gewiss einer der ausserordentlichsten Irrtümer, welche
die Geschichte aufweist, und dabei findet das Wort von Laplace seine
Rechtfertigung: „Die einfachen Ideen sind gewöhnlich jene, welche
zuletzt dem menschlichen Geiste vorschweben".

[117]) Die Notwendigkeit, die sieben Arten von Oktaven als melodisches Intervall auf zwei mit speziellem Charakter zu reduzieren,
wurde zu allen Zeiten empfunden, aber erst gegen das Ende des
XVII. Jahrhunderts wurde ihr abgeholfen. Bemerkenswert ist ein
Ausspruch des Plato in seiner Republik, III. Buch, X. Kapitel,
pag. 399, wo er einen Dialog zwischen Socrates und dem Musiker
Glaukon über den Charakter (Ethos) der verschiedenen Tonarten
giebt; ich übersetze den Schluss: „Ich kenne die Tonarten nicht, aber
du lasse mir jene, welche den Rhythmus und die Silben von dem
erhält, der sich stark fühlt in den kriegerischen Uebungen und in
schwierigen Lagen und der mit Kraft und Standhaftigkeit sein Schicksal trägt, wenn ihn Missgeschick trifft, oder Wunden, Tod und Unheil
bedrohen . . . Lasse mir also diese z w e i T o n a r t e n, die eine
kräftig, die andere ruhig, welche am besten die Töne der Glücklichen
und der Unglücklichen wiedergeben".

[118]) Nicht wenige Schriftsteller haben bemerkt, dass der achte
Ton jener ist, von dem eine der vorausgehenden ähnliche Reihe ihren
Anfang nehmen kann, sowie dass, um zu ihm zu gelangen, sieben
Haupttöne, vom ersten ausgehend, durchlaufen werden müssen.
Virgil in der 2. Ekloge, Alexis.

[119]) Die Idee vom Grundton und Grundakkord existiert in der
griechischen Musik nicht, ebensowenig im gregorianischen Gesang,
wenn auch einzelne Stellen bei Aristoteles etwas ähnliches andeuten.
Diese Idee entstand mit der Entwicklung der polyphonen Musik.

[120]) Die Modulationen können nur 12 in Dur sein, wenn die sieben diatonischen Stufen und ihre Modifizierungen durch ♯ und ♭ gegeben sind und ebensoviele in Moll,d.h. theoretisch gesprochen; in der Praxis sind viele Töne homophon, z. B. Fis und Ges.

[121]) Sowie die drei verschiedenen Lagen, welche der Halbton im griechischen Tetrachord annahm, das Intervall der Quart nicht alterierten, weil es unverändert und konsonant blieb, so lassen sie auch in unserem Akkord die Quint konsonant, wenn man die Terz bald gross, bald klein giebt; sowohl die eine als die andere Veränderung hat eine affektive Wirkung im System und nichts weiter. Die grosse Erfindung der Neuzeit besteht darin, dass man die Terz zur Konsonanz machte; und daraus entstand die Polyphonie und der Kontrapunkt. Wenn wir die None, eine natürliche Dissonanz, welche die Oktave überschreitet, annehmen, ist es dann möglich oder nicht, unsere typische Formel, die Skala, zu verlängern und damit das grösste System, die doppelte Oktave zu erreichen? Darüber wäre ein spezielles Studium notwendig; aber wozu ein solches anstellen und warum? Am beliebtesten ist die Chansonnette, und zwar in dem Grade, dass man glauben möchte, die provençale Kunst mit ihren langweiligen Troubadouren sei wieder auferstanden.

[122]) Zur Unterstützung meiner These bemerke ich, dass der Akkord der kleinen Terz und übermässigen Quint auf dem Basse As im drittletzten Takte von Verdis Othello als Harmonie der kleinen Terz und Sext empfunden wird, weil die Beziehung der übermässigen Terz zwischen ces und e ein nur theoretisches Intervall ist. Diese Auffassung lässt sich so darstellen: eine erste Umkehrung des E dur-Akkordes, welche fortschreitet und sich in die C dur-Harmonie auflöst. Der erste Akkord des Präludiums von Tristan wird als Harmonie der kleinen Terz, Quint und Septime empfunden, aber die Auflösung rechtfertigt die Schreibweise des Autors. So erklärt es sich physiologisch, warum die Musik Wagners öfters beim Lesen mehr dissonant erscheint, als beim Anhören. Je mehr die Musik diatonisch ist, um so mehr wird der Gebrauch der Dissonanz geschätzt. Ich erinnere an den herrlichen dissonanten Effekt des übermässigen Sextakkordes mit dem Grundton in der wunderbaren Scene des Wilhelm Tell, wo Wilhelm auf den Apfel auf dem Haupte seines Kindes schiessen muss.

[123]) Aehnlich erkennt man bei Bellini den festen Willen, den Gesang in Gesang zu dramatisieren. Diese ästhetische Idee, immer den melodischen Inhalt vervollkommnen zu wollen, hat der neueren Schule gefehlt. Wagner selbst, so weit es ihm auch sein Fühlen und seine auserwählte Kunstrichtung zuliessen, macht es nicht anders. Die Jagdhörner des Landvogtes Gessler verwandeln sich später in die Trompeten des Königs Heinrich des Voglers; man betrachte das auserlesene Arbeit des Meisters bei der Komposition des herrlichen

Marsches und der Scene des Erwachens im Lohengrin im Vergleich zur Marcia trionfale und religiosa in der Oper Olimpia von Spontini 1819.

[124]) Giambullari von Florenz schreibt an Giovanni Bandini, dass bei Gelegenheit der Hochzeit Cosimos von Medici mit Eleonora von Toledo am 12. August 1539 ein Stück von G. B. Strozzi mit Musik von Ant. Laudi aufgeführt wurde. Dieses Werk ist vollständig eine gekünstelte Kinderei, worin man die Wahrheit mit materiellen Mitteln und Zeichen erlangen will. Die Frauen mit kurzen Kleidern, die nackten Satyre mit haarigen Schenkeln und Hüften, singen zur Begleitung einer Trommel, welche in einem Weinschlauche versteckt ist, mit einem Fassheber statt des Taktstockes. Der Komponist lässt je nach dem Charakter der Person bald eine Pfeife in einem Menschenknochen blasen, bald ein ribechino (Streichinstrument) in einem Hirschkopfe, das Kornett versteckt er in einem Ziegenhorn und die gewundene Trompete in einer Weinrebe. Die edle Harfe wird in einen Fassreifen gespannt und mit den Menschenstimmen vereinigt sich Vogelgesang. Sind wir nicht in Gefahr, wieder an der Schwelle einer solch kindischen Kunst zu stehen? . . . sollte das ein Beweis von der Theorie Vicos, von der Ebbe und Flut in den menschlichen Dingen sein?

[125]) „Les italiens, qui font un usage admirable de ce genre (Enharmonie) ne l'emploient que de cette manière (im Rezitativ). On peut voir dans le premier recitatif de l'Orphée de Pergolèse un exemple frappant et simple des effects que ce grand musicien sut tire de l'Enharmonique". Rousseau, Dictionnaire de musique, Paris 1768, pag. 197. Diese Komposition ist in Italien fast unbekannt. Cottrau in Neapel veröffentlicht hiervon die letzte, weniger schöne Arie, ein Allegro.

[126]) Wie ich in der T e m p e r a t u r eine historische Notwendigkeit erkenne, so sehe ich in der sogenannten g l e i c h s c h w e b e n - d e n eine technische. Diese erlaubte im Gegensatz zur u n g l e i - c h e n, über alle 12 Töne der Oktave zu modulieren. Das ist, was man auch dagegen sagen will, ein Ergebnis aus der griechischen Tonleiter. Wenn unsere harmonische Skala sich theoretisch im i n t e n s i v - d i a t o n i s c h e n Genre des Ptolomaeus spiegelt, so ist sie doch in Wirklichkeit von der Pythagoräischen beeinflusst, da sie die Gleichheit der fünf Ganztöne und zwei Halbtöne unter sich beibehielt, wenn auch ihre Beziehungen zu einander verändert wurden. Cornu hat sehr geistreiche Versuche darüber angestellt, bei denen er direkt die Vibrationen mass, welche von guten Sängern und guten Violinspielern hervorgebracht wurden, während diese eine reine Melodie mit der grösstmöglichsten Genauigkeit spielten. Er konstatierte, dass diese sich nicht der reinen Skala, ja nicht einmal der temperierten bedienten, sondern einer Skala, die von der pythagoräi-

schen wenig verschieden war. Er schliesst daraus, dass die pytha-
goräische Skala noch jetzt als jene der Melodie, die moderne dagegen als die harmonische betrachtet werden muss. Beide aber,
wiederhole ich, haben das Prinzip des gleichmässigen Abstandes der
Intervalle. Blaserna sagt im angeführten Werke, pag. 130: „Immerhin ist die Thatsache an sich sehr interessant und verdient mit
Sorgfalt untersucht zu werden. Ich erfahre hierbei den Grund, warum wir Südländer so viel Gefallen daran finden, wenn wir einen rein
monodischen Gesang hören, der höchstens von einer einfachen Begleitung unterstützt wird. Das ist nicht, wie einige Halbgelehrte
glauben, Unwissenheit oder Trivialität, wie wenn der Adel der Musik
in einer grossen Anzahl von Tönen und Instrumenten bestände, sondern gerade das Gegenteil hiervon; es ist eine physiologische Thatsache, die uns ehrt. Unser Ohr, weil es feinfühlig ist, liebt es, ein
möglichst reines Intervall zu hören, welches ihm nur die menschliche
Stimme und dieVioline geben können". Ohne Voreingenommenheit
und Vorurteil wird jeder, der ein feines Gehör besitzt, wahrnehmen,
dass, wenn nach den glänzenden symphonischen Sätzen Wagners die
Singstimme eintritt, dieselbe nicht weiss, wie sie bei den unruhigen
Harmonien Wagners beginnen und sich mit ihnen verschmelzen soll.

127) Scarlatti schreibt wie die alten Meister die Trompeten in
ihrem realen Ton. Den 11. harmonischen, Fis, betrachtet er wie nach
ihm Bach und Händel als F. In beiden Fällen ergab sich immer ein
wenig exakter Ton. Man hat infolge eines historischen Irrtums versucht, die Musik dieser Meister mit modernen Instrumenten zu
spielen; allein man musste diesen Versuch wegen ihres hässlichen
Effekts aufgeben. Bezüglich der Violine lassen sowohl Händel und
Bach, als Haydn und Mozart die Orchestervioline nur bis zum F der
5. Lage, einen halben Ton höher als Scarlatti, gehen. Beethoven in
der Symphonie und Rossini in der Oper gehen bis zum C der 9. Lage.
Wagner gebraucht sie, wie z. B. in den letzten Takten der Tann-
häuserouverture bis zur 11. Lage, zum viergestrichenen e.

128) Am Schlusse des Textbuches ist bemerkt: „Der Leser wird
gebeten, mit diskreter Einschränkung jene Mängel zu entschuldigen,
welche er vielleicht in der Musik findet; er möge bedenken, dass der
Autor es geradezu müde sein muss, derartige scenische Kompositionen zu verfassen; mit dem gegenwärtigen Drama hat er die
106. Oper vollendet, welche er für das Theater von Neapel und
andere Theater Italiens komponierte". Die grössten Mängel liegen
nicht in der Musik, sondern in der Art, wie die scenische Handlung,
die oft barock, kindisch und bizarr ist, aufgebaut ist.

129) Historisch, wenn auch ohne Bedeutung, ist der Umstand,
dass Cirillo seiner Orontea eine kleine eigens hierfür geschriebene
Sonate vorhergehen lässt; ähnlich macht es Provenzale, der ihr eine
mehr entwickelte Form giebt.

¹³⁰) Rousseau giebt einen ziemlich hübschen Grund für diese neue symphonische Form an: „La raison qu'il donnent de cette distribution est, que dans un spectacle nombreux, où les spectateurs font beaucoup de bruit, il faut d'abord les porter en silence et fixer leur attention par un debut éclatant qui les frappe".

¹³¹) Das Melodrama ist eine italienische Schöpfung, ein echtes Produkt unserer Sprache, unseres Fühlens, unseres Landes. Zu uns muss man sich wenden, um neue Kraft, neuen Ausdruck und Fortschritt zu schöpfen. Beethoven, einer von jenen Künstlern, deren Besitz für die Menschheit eine Ehre ist, war nicht im stande, einen musikalischen A k t zu schaffen. Der so melodiöse Mendelssohn hatte nicht die Fähigkeit zum melodramatischen Gesang. Der phantastische und gelehrte Berlioz bringt es fertig, Klarinette und Violine singen zu lassen, während die Personen stumm bleiben und Haydn gelingt keine musikalische Oper. Und Wagner? . . . . Durch ihn gedeiht die T r a n s k r i p t i o n; auf das Klavier folgt das Orchester. Der melodramatische Ausdruck hat etwas an sich, was weder Melodie noch Symphonie ist, aber der Gesang muss von einem Hauch des Menschlichen belebt sein, das uns zum Herzen spricht. Bei dem Ausrufe: „il padre, ahimè, mi malediva" (Tell), oder „non credea mirarti" (Sonambula) kann man nicht widerstehen und darin besteht das Geheimnis: Rührung, nicht Beschreibung, Genuss am Schmerze oder an der Freude, und nicht Erstaunen.

¹³²) Von seinen Zeitgenossen wurde er „die Ehre der Kunst, das Haupt der Komponisten" genannt. Quanz, welcher ihn 1725 in Neapel kennen lernte, erzählt, dass er trotz seines hohen Alters meisterhaft die Harfe spielte und Kirchenmusik komponierte.

www.ingramcontent.com/pod-product-compliance
Lightning Source LLC
Chambersburg PA
CBHW071442090426
42737CB00011B/1748